優渥叢書

優渥叢書

財經主播教你

不看盤・逢低買・月月扣

我靠科技基金4年資產翻3倍

【實戰標的&獲利對帳單完整公開】

【熱銷再版】

詹璇依◎著

優渥叢書

目　錄

第3章 從開戶到下單，新手就從3千元開始！

第4章 公開累積報酬率130%操作心法

目　錄

第5章　選標的不燒腦，5大篩選機制幫你過濾

第6章　我的基金操作SOP——睡得安穩的投資術

第7章 我用「股債平衡」享受現金流，提早財務自由

第8章 投資新手想知道的問題都在這

目　錄

自序

選對方向、好好理財，就能睡好覺！

我從月光族到可以侃侃而談理財經驗，甚至還可以寫出這本書，讓更多人有機會選擇過更好的生活，一路要感謝的貴人太多。但我更希望大家學會感謝自己，**當你願意開始理財和投資，思想、觀念和消費習慣都會慢慢改變**，讓未來的你感謝今天的自己，是我寫這本書的原意。

我想先感謝 10 年前選擇進入財經台當記者的自己，和當時聘用我的電視台。時間回到 2010 年 2 月 14 日，我進入財經台的第一天。印象很深刻，當天我做的第一則新聞，是臉書首度推出打卡功能。

在 2021 年的現在很難想像，11 年前「臉書打卡」居然可以成為新聞！時光飛逝，如今打卡幾乎成為你我的日常，甚至已經變成行銷工具。除此之外，那陣子的熱門科技新聞，還有宏達電的手機解鎖功能、iPhone 的解鎖方式因專利問題鬧上國際法庭。

整整 11 年過去了，我的媒體生涯搭上的是，科技改變了你我：蘋果 iPhone 的推出，衝擊了整個手機產業；台股曾經誕生的三千金已不復見，我目睹宏達電從千金變落水狗的經過，代工霸主鴻海的老闆，也不再是我整天追著跑的郭台銘了。你我見證了產業不斷改變，科技也不斷前進。

如今科技市場返樸歸真當道：用耳朵聽的 Podcast、用嘴巴講的 Clubhouse，都成為當紅的 App。這也就是科技財經迷人的地方 ，一直在進步也一直在改變 ，讓你不得不隨時提升自己 ，這 11 年間我深刻有感。

理財第一步：從改變消費觀念做起

無論你現在幾歲，都一定要學會理財。為什麼？因為把理財學好，就能扭轉現況、有機會過自己想要的生活、做自己喜歡的事。「財務自由」是這幾年來大家追求的目標，但我認為這句話的意義在於「自由」。

所謂「財務自由」，並不是指可以滿足所有的慾望、買東西不看價錢，而是不被金錢束縛、不用強迫自己從事不喜歡的工作，能夠將時間花在喜歡且更有價值的事情上，獲得的是「心靈自由」。當你真的開始認真把理財學好，就會認同這句話隱藏的意涵。

學好理財，除了能獲得財富上的甜美果實，還可以改變思維方式，進一步拿回人生的選擇權。例如：為了存錢或存投資本金，我學會控制欲望，改掉過去衝動性消費的毛病，做到「延遲享樂」。我本身就是因為開始理財，而脫離月光族的代表，所以常告訴理財新鮮人，**學理財的第一步，並不是學習如何買基金或買股票，而是學習改變自己的消費觀念。**

舉例來說，我當年月入 3 萬元，卻把第一筆薪水拿去買名牌包，那就是一個錯誤的消費行為，同時也因為這種錯誤的消費觀念，讓自己始終是個月光族。畢竟如果擺脫不了月光族生活、沒有提高儲蓄率，哪有本金進行投資？

有了本金、想投資之後，許多人最容易犯的錯就是太過莽撞、人云亦云，聽人說什麼好就跟風。但我認為與其忙著選擇商品，更重要是先懂得自己個性上的弱點，要能管理自己的性格。如同 1978 年諾貝爾經濟學獎得主 Simon 知名的「有限理性決策理論」（Bounded rationality decision）指出：「做決策時，你的個性會決定未來投資的成敗。」

選擇能睡好覺的基金，交給時間錢滾錢

投資不只是要理解金融知識，眼觀四面、耳聽八方，更重要是了解自己的個性與性格，以及維持紀律與耐性，因為這影響到投資的進退場時機。我非常喜歡股神巴菲特說過的一句話：「如果你沒辦法在睡覺時也能賺錢，你就會工作到死掉的那一天。」

這些年在金融市場歷練，我發現最理想的投資，是越不勞心勞力越好。儘管在股票市場成功押對寶、找對飆股能夠快速獲利，除了獲得財富，也得到肯定自己眼光的成就感。可是一旦把錢放進股票市場，因為漲跌幅度太大，大部分時間都處於緊張狀

態，甚至會擔心到睡不著覺。加上長時間下來如果資金進進出出，很難達到複利效應。既然時間一樣在過，還不如買基金，讓錢一直待在市場裡，輕鬆愜意。

在投資基金的過程中我深刻感覺到，把錢交給時間去幫你滾錢，是最簡單的事情。當「致富」是時間的事，我們需要做的很簡單，就是努力工作賺錢、穩定扣款，然後好好過生活、維持健康。

別忘了，無論賺多少錢，健康還是用多少錢都買不到的最大財富！

推薦序

加入理財世界，
你的人生更燦爛！

20 年前，我擔任過《Smart 智富》月刊與《Money 錢》雜誌的社長，長期推動理財知識普及化。50 歲前，我選擇提早退休，當一個自由作家。能比多數人更早離開職場，主要倚靠的就是我累積了一些資產，同時也擁有理財能力，因此可以提早享受自由的人生。

這一切都靠我在理財雜誌學習到的知識，再轉化成實際的投資經驗，才能成就目前的美好生活。我現在仍然持續演講、寫作，想把這些重要的理財觀念、簡單的理財方法，分享給更多年輕人，希望大家及早取得這個致富錦囊。

很高興璇依也加入了理財行列。她自我揭露，年輕時曾經是月光族，沒有節制地消費，到 30 歲時還是口袋空空。直到開始接觸理財之後，一切都改變了。不僅消費習慣改變，不會衝動購物，還會積極學習投資知識，讓自己從盲目衝動買股票，轉變成一個以定時定額投資基金的理財達人。

看著璇依一路成長的故事，很為她感到高興。看到她把自己多年來接觸基金投資的經驗，大方地分享給尚未加入理財行列的人，更感到欣慰。我們都像是理財傳教士一樣，希望把這些美好的經驗傳遞給更多人知道。

很多人都說，不知道該如何進入理財的世界，我常常告訴他們，買共同基金就對了。不管是剛入門的社會新鮮人，還是像我一樣有30年投資經驗的投資老手，共同基金都可以幫你創造財富。不需要花時間，不需要懂很多高深學問，只要有紀律地執行，最終就可收穫美好成果。

如果你還徘徊在理財門外，或是曾嘗試投資理財，但成果不能盡如人意，這本書將是你最好的領航人。跟著璇依的腳步，進入共同基金世界，從懵懂的投資新手，到報酬率超過40%的投資高手，都可以輕鬆學習。

我認為理財最重要的事，不是得到一支明牌，或是花很多時間研究各種艱澀知識，而是靠行動力與持續力，就可以收穫滿滿財富。璇依分享自己過來人的經驗，想帶給讀者無價財富，千萬不要錯過了！

基金教母／林奇芬

推薦序
基金投資，預約美好未來

「璇依是我認識最正的財經主播了！」我相信，很多人都跟我的看法一致。最正主播，不算厲害；有賺錢頭腦的超正主播，這一點可就厲害了！璇依，當之無愧！

約莫在7年前，我有段時間是三立財經台「基金FUN大術」的固定來賓，週週解析國際資金流向，從資金潮的動向歸納，到分析下一個可能賺錢的市場。當時就覺得璇依是個很認真的主播，提問也很精準，當年的我們可是基金理財界的超級戰友。

幾年過去了，璇依從求知若渴的記者，搖身變成基金小白的救世主，用她在基金投資界的親身經驗，告訴大家選對趨勢、選對基金，也能趁勢發大財。

時間是投資理財最好的朋友，因為時間是最公平的，每個人一天都擁有24小時、一年擁有365天……，只要用對方法、透過紀律，就能提前擁有財務自由。

當年，我也曾是個月光族，荷包薄到透光，薪水一到月底就見光。之所以能翻轉月光生活，就因為一個觀念：「先存再花。」

強迫自己每個月 5 千元定期定額買共同基金，包括全球股票型基金、歐洲股票型基金、電訊基金等等。投資前兩年的賺錢經驗，奠定了我對投資市場的信心。

我很認同璇依在自序中提到：「把錢交給『時間』去幫你滾錢，是最簡單的事情。當『致富』是時間的事，我們需要做的很簡單，就是努力工作賺錢、穩定扣款，然後好好過生活、維持健康。」

透過這本書，讀者們可以一窺最正財經主播的基金投資歷程，她深入淺出介紹基金種類、型態、交易管道、定期定額心法等，讓投資新手與基金小白們，能夠輕鬆領略基金投資的奧義。

長期推廣小資理財與退休理財的我，經常極力呼籲：持續作對的事，有錢只是剛好而已。什麼是「對的事」，就是「選對趨勢、持續投入」。找到適合你的理財工具，不管是基金、ETF 或是股票，只要能操作上手就好，更重要的是持續投入資金，假以時日就能累積可觀報酬。

現在，就跟我一起閱讀本書，開啟基金投資的美妙世界，幫自己預約美好未來！

理財專家／郭莉芳

粉絲專頁：
郭莉芳理財講堂

第 1 章

從月光族，到 4 年資產翻 3 倍的投資歷程！

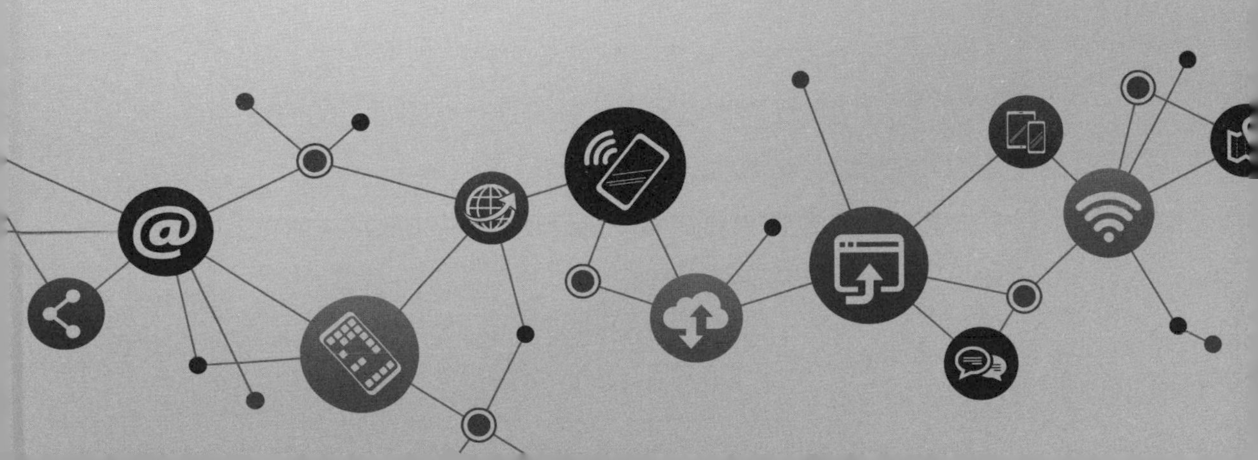

1-1 看似人生勝利組的我，曾是個月光族

我不是富二代，只是不曾煩惱錢

我的夢想奠定得很早，國中時就決定要從事新聞業，夢想是唸傳播的第一學府政大新聞系。可惜大學指考飲恨，之後準備研究所時閉關苦讀，終於考進夢想的學府，拿到政大新聞所的碩士文憑。對了，當年我也是重榜王，報考 6 家有 5 家上榜！

碩士期間有幸到台灣微軟當實習生，這個可貴的實習經驗，讓我結識職場的重要前輩，更拓展了視野——沒有上下班限制、舒適的休憩空間、吃不完的食物補給，甚至還有按摩椅休閒室，但每個員工都相當自律，能有效率地完成工作。

這個頂尖外商的工作氛圍，跟爸媽的公務員辦公室完全不同，讓初入社會的我受到震撼教育，於是從那時開始，就嚮往自主性高且有效率的工作環境。

在微軟的 1 年實習工作結束之後，2010 年在微軟主管的引薦下到天下雜誌網路部，擔任當時剛起步的社群編輯工作，我可以說是第一代的「社群小編 」，這一直是年輕人嚮往的夢幻職業（註）。

當時的主管後來到了 yahoo，我們不只保持聯繫，更在我到了電視台工作之後，拓展出更多合作機會。在外商微軟和天下雜誌的工作經歷，雖然只是領時薪的實習生，但比起錢更重要的是，為我的履歷表添了金，並累積到珍貴的職場人脈。

故事看到這裡，大家看到我從求學過程到工作經歷，都貌似人生勝利組，沒有任何煩惱，可以說是過著無後顧之憂的日子，一定不免猜想，難道我就是傳說中的富二代？

其實，我的父母只是平凡的公務員，而我很幸運地沒有為錢煩惱過。雖然國、高中讀的都是私立貴族學校，同學的父母不乏從商、大學教授、醫生或是律師，但舉凡書包、鞋子、運動鞋等等都全校統一採購。所以，全校都穿一樣的情況下，不會有炫富的狀況發生，更不曾覺得和同學家的財務狀況有差距。

註：根據yes123求職網2021/03/24 公布「青年勞工甘苦談與職場追夢調查」，調查顯示在「女性青年勞工」之中，「夢幻職業」前五名依序為：社群小編（29.9%）、網紅（28%）、空服員（26.5%），以及烘焙師傅（23.6%）、作家（21.9%）。

毫無理財觀念，把打工錢全花光光

跟大部分的人一樣，我對金錢完全沒有概念，但非常會花錢。像是爸媽給我的零用錢，從以前就只有被花光的命運。

怎麼花掉的呢？我從國中開始就很愛在百貨公司「血拚」，喜歡享受吹冷氣逛街、穿高級衣服的感覺。曾經看到喜歡的衣服，就拿一百元給櫃姐當作訂金，然後再帶媽媽一起去結帳。現在想想，自己怎麼能如此厚臉皮！

媽媽當時是什麼反應呢？雖然皺了眉、唸了兩句，還是會跟著我去付清尾款，把衣服提回家，媽媽說這是「信用」的問題。

幾次這麼先斬後奏購物後，媽媽發現我有個致命的缺點，就是會預支消費，而且用錢沒有分寸、不懂得拿捏。媽媽提醒我：「能不刷卡就不要刷卡、刷了卡就一定要全額繳清，畢竟出了社會後會有許多金融交易，別當個無信用之人。」

到了大學時期，因為不曾為金錢煩惱過，也沒有負債壓力，第一次聽到有人居然需要學貸才能讀書時，著實震驚了我的三觀。對比之下，當時的我完全不需擔心學費、房租、生活費，還是個徹底「伸手牌」。

說來慚愧，我從大一就開始打工，但不是因為經濟壓力，單純是因為過去念了6年女校，也從沒有去過大補習班，有點被悶壞的感覺。當時覺得打工可以體驗各行各業的不同生活，好像很有趣，所以去咖啡廳學煮咖啡、去義大利麵店端盤子、去手錶店賣手錶，還去各大百貨站櫃。

那賺來的錢呢？可想而知，也是幾乎都拿去購物、買衣服全部花光光了，儼然就是個「月光公主」。當時對金錢不只沒有節流概念，也沒有危機意識，更不用說儲蓄理財這件事了。

1-2 進入新聞界後，第一次投資的慘痛教訓

介紹完學生時期後，接下來要和大家分享一個辛酸血淚的故事，也就是我本人第一次投資的真實故事。

我在實習的蜜月時光中，奠定了對科技財經的興趣，儘管當時沒有投資概念和腦袋，但憑著對科技的熱情，選擇在財經電視台作為第一份正職。政大新聞碩士畢業的我，10 年前起薪 28K，過試用期約 3 個月後 31K。

及時行樂的月光公主

關於「月光族」這個詞，不知道什麼時候開始出現的，但可以確定這是低薪時代的產物。當時我就是個標準月光族，薪水先繳了房租後，居然把第一份薪水拿去買名牌包！

當時無知地認為，記者出去採訪一定要體面，另一方面其實是想滿足自己的虛榮心，仍不懂得為長遠打算，依舊是個不食人

間煙火的「月光公主」。

沒想到進入財經台上班，會成為我人生重要的轉折。當時每天寫產業新聞、參加法說會，雖然還是幼幼班等級，但漸漸對金錢改觀。領着小資族薪水的我，已經開始想嘗試「用錢滾錢」，但隨著視野擴大，漸漸感到自己的渺小。兩三年下來我終於體悟出：想變有錢不是只靠薪水，而是要先積極存錢，累積好本金之後再作投資理財。

加上當時已經快 30 歲，積蓄卻少得可憐，扣掉房租 1 萬，再扣掉通勤費、玩樂費。月光公主深知這樣不是辦法，決定從改變生活習慣做起：我先是善用公司資源，利用下班後的時間讀公司固定會有的財經雜誌，慢慢累積對產業和財經知識的敏感度，不只充實了內在，也在工作上更有效率，更快擺脫菜鳥記者的稱號！接著我開始減少物慾、延遲享樂，省吃儉用逼自己每個月至少存下 3 千元。

初投資就倒貼了 3 個月薪水

就這樣省著省著 1 年多後，努力存到了 5 萬元，加上父母幫我存下的壓歲錢，加起來共 10 萬元當作我的第一桶本金。10 萬元對當時新鮮人的我來說，不是個小數目，但當時自信滿滿，仗著有跑線經驗，對科技產業也有一定了解，在 2014 年從交割戶買的第一檔股票是蘋果供應鏈。

沒想到我犯了所有散戶的錯——看新聞做股票，聽信消息就買進。當時股價早已來到相對高點，我買進價格一張 35 元，兩張共 7 萬，等於是我兩個半月的薪水。

接下來的故事就跟所有韭菜的命運一樣，線圖開始一路向下再也不回頭，後來忍痛砍在 28 元，一張賠了 7 千元。第一次投資不但沒賺錢，還賠了近 1 萬 5 千元，得餓半個月肚子。

但那次投資失利後，因為感受到賺錢真的很辛苦，我學會往後投資每一分錢之前，都要先清楚知道標的成分、目的、結構等等，至少把它的「前世今生」搞清楚，才有機會盼它許個未來！

我寫這篇文章的當下回測，更確認自己當時買在歷史高點，因為接下來 5 年的股價都在 17 元～ 30 元之間遊走，重見 35 元的價格時，居然已經是 2020 年！

主播小提醒

努力的意義是，以後的日子裡，放眼望去，全都是自己喜歡的人事物。

1-3 投資權證翻倍賺，初嚐賺快錢的滋味

2015 年我轉到另一家財經台後，本業收入增加，在每天接受大量財經訊息下，已經培養出不聽信明牌，也不看新聞跟風的操作心得，同時也想嘗試股票以外的投資工具。

嘗試權證市場，報酬率高達 230%

意外地，**我發現「權證」這個商品適合反向操作，就是透過買認售權證來看空標的，俗稱「做空」**。當時每天主持解盤以及盤後節目，發現股市有個特性——漲停不見得會連續漲停，但跌停都至少會跌 3 天。

於是我開始瞄準有利空消息的股票，去買「認售權證」。例如，在投資市場已經有風聲，暗示大立光財報不好、掉單等消息時，我就搶先佈局鎖定 「價內到價外 15% 單日量超過百張」的權證 。

身為財經記者的那個時期，台股只有三千金：宸鴻、大立光、宏達電。當年（2010 年）三千金之一的宸鴻，作為蘋果唯一供應商。到了隔年，儘管觸控面板供應鏈加入勝華，但宸鴻因為良率高，還是維持領先地位，勝華最後則是走向下市的命運。

到了 2012 年，宸鴻提出的解決方案沒有被蘋果採用，正式宣告從 iPhone 供應鏈出局。之後宸鴻轉向觸控筆電，卻因為錯估形勢，從每股獲利王變虧損王。

2015 年第二季宸鴻法說公告，單季每股淨損 1.77 元；到了第三季每況愈下，每股大虧 55 元。股價反應自 2012 年 3 月每股超過 500 元，4 個月內就縮水 3 成 6。就在那時我也佈局權證，手中持有的認售權證，本金 6 千元直接變成 2 萬元，報酬率達到 230%，嚐到了賺錢的甜頭。

之後我更開始積極佈局認售權證，後續的聯發科也是因為財報不佳，股價連續打入跌停，我手上的權證本金從一張 2 千元變成 4 千元，報酬率高達 100%，是名符其實的翻倍賺。之後我也鎖定大立光來回操作，在權證市場出手無往不利，再次嚐到賺錢的滋味。

權證投資的好處是，只要少許錢就能參與高價股，且讓我得到高獲利。但投資權證需要花時間盯盤，隨著小孩出生，加上上班時間調整，我發現作為職業婦女根本沒有時間盯盤，一個不小心就會錯過轉折。

此外，2017 年的基金初體驗，讓我嚐到不盯盤也能賺錢的滋味，又不用擔心權證錯過時效變壁紙的風險，心臟無需承受那樣大的壓力，於是開始把投資配置重心移轉到基金。

延遲享樂，把錢花得更有價值

我在投資市場嚐到甜頭，發現真的能夠靠錢滾錢之後，為了能提供更多本金，不斷告誡自己要「延遲享樂」、改變自己的消費習慣、減少買衣服等等，我甚至做到一年不出國。同時改把逛網拍的時間，拿去閱讀財經書籍，為的就是吸取更多相關知識。

2017 年我開始涉略基金投資後，不只看書也花錢去上實體課，一堂課學費大約是一件衣服的錢，但我獲得的知識富足，是前所未有的。

我還是喜歡買東西，只是改變了消費習慣，慢慢地學會把錢花在刀口上，轉而只買高質感、可以用很久的東西。也強迫減少自己的花錢額度，例如告訴自己：賺 5 萬元才能花 5 千元，不要再成為月光族。因為學會了可以用錢滾錢的知識，所以希望讓錢花得更有價值，也可以創造出更多價值。

1-4 堅持逢低加碼，累積第一桶金

從 6 千元開始，意外懶人投資成功

在權證市場嚐到賺錢滋味之後，接著因為主持基金節目，將投資觸角延伸到了基金。這一開始是個意外，當時基金平台開始崛起，相較於銀行，收取的費用低廉不少，同時也推廣開戶的手續費優惠。

在財經台上班的我，本著實驗精神開立了基金扣款帳戶，之後進一步發現投資基金的門檻很低，只要 3 千元就能定期定額開始累積財富，**我的初次扣款是由兩檔台股基金開始，月扣 6 千元。**

半年之後，我登入基金平台，報酬率居然高達 15% ！我眼睛為之一亮，瞬間理解什麼叫做「懶人投資法」，定期定額的意義跟價值也浮現。但老實說，當時我還是覺得基金非常神秘，認為自己是運氣好、挑到了好的基金，才有這麼好的報酬率，畢竟沒有天天在過年的。儘管「定期定額」這個方法勝率很高，但如果押錯寶，也就是設定錯投資標的，也是枉然。

於是我開始研究每檔基金，一開始我也像一般人一樣，覺得基金好難理解喔！怎麼說呢，股票的資訊來源廣泛、輕易取得。而且買進的是單一家公司股票，所以只要把股號或是公司名稱一輸入 Google，就會有大量媒體報導買賣價位、籌碼分析、技術線圖等等資訊。

相較於股票，基金有幾點先天不良：第一，容易讓大眾有誤解，主要是過去基金只在銀行通路賣，自然容易造成「被理專誘騙 」的誤會；第二，基金資訊相對不透明，一般人不容易理解商品背後的標的，因為不了解所以就不想接觸，甚至有的人是無從接觸。

買基金不用怕，沒時間、小資都 OK

所以我一開始接觸基金的時候，也有一樣的問題，儘管從名稱的字面上，可以看到區域和投資方向，例如最基本的「美國」加上「科技」，但卻看不出投資和標的具體上是什麼？於是我進一步去探討，看看哪裡可以獲得更多基金的資訊，透過基金網站和基金月報，步步深耕，實踐「你的時間花在哪、你的成就就在哪」。

我開始從「績效」和「區域」篩選基金，漸漸發現基金就是我的命中註定，因為它具有以下 3 個優點：

1. **適合沒有時間盯盤的人：基金的投資方法很簡單，選對標的之後，不分高低點，只要維持紀律扣款，就能達到高勝率。**
2. **定期定額的投資法，無論月薪 3 萬到 30 萬都適用。**
3. **選擇會增值的資產標的，就能穩穩獲利。**

關於第 3 點，重點是心態要正確，投資基金是利用時間複利用錢滾錢，遇到大跌時無須害怕，只需要準備好銀彈，加倍扣款、逢低加碼，最後就能迎接極高勝率。

2020 年全球股災時，我落實「別人恐懼我貪婪」，堅持單筆逢低加碼，不只買在歷史低點，更買到便宜的單位數。也因為買的便宜，資產夠分散，自然而然形成一個投資組合。同時感謝自己買在市場不敢買的時候，等到市場回神了，我的基金配置組合早已帳面獲利，立於不敗之地。

就這樣維持紀律實施了 3 年，讓我在基金市場累積到第一桶金，更確認基金是我的命中註定！同時我的本業也達到年薪百萬，短短 10 年的媒體從業時間，靠著自己的努力和投資，不斷精進提升了自我價值。

主播小提醒

投資理財很重要，但努力提高本業的薪水、累積本金是不二法則，我們努力工作是要換「不工作的未來」。

第 2 章

第一次買基金，這些基礎知識你得懂

2-1 什麼是基金？操作原理是什麼？

基金就是讓經理人幫你賺錢

基金的原始概念是這樣的。假設本來有 5 個朋友，當中有一個人很會投資是股市高手，其他 4 個人就提議：不如一個人拿出 10 萬，共同成立一檔 「好賺錢基金」給那位好手去投資（稱為**基金經理人**）。至於集資的金額，當然要放在一個公開單位才有保障，所以股市好手就把錢放到銀行（稱為**保管銀行**），讓其他朋友放心。

為了表示負責，他也發給其他 4 個人（稱為**受益人**）各一張受益憑證，上面寫明「1 人 1 萬單位，4 個人總共 4 萬單位」。日後如果有人要把這筆錢拿回去，就得拿這張憑證來換現金。經由公式計算出 40 萬／ 4 萬單位＝ 10，就是 1 單位等於 10 元，這 10 元是所謂的「每單位價值金額」，也就是現在我們聽到的基金價格（稱為**淨值**）。

過了一陣子，因為這位股市好手的操盤成績太好了，其他人也想加入，於是直接去買這檔「好賺錢基金」的憑證（稱為**申購基金**）。視當時的淨值多少，決定加入者能買到多少單位數，股市好手則是又多了一筆錢可以投資操作。

買基金就像跟團旅遊

旅行是人生的維他命，能夠拓展視野、累積人生經歷，但每個人喜歡的方式不同，有人喜歡自助旅行，有人則喜歡只帶著一卡皮箱出遊的跟團旅行。跟團旅行的好處是，把該去的地方一網打盡，有專家（領隊、導遊）帶路，他們已經做好功課，團員只需要抱著一顆愉快的心去享受就好。

其實買基金也是一樣，交給專業的經理人選擇好標的、負責操盤，我們用定期定額的方式或是單筆申購的方式，來參與這趟投資旅程。但也因為像跟團旅行一樣，行程是固定安排好的，大家是團體行動，投資後無論虧損或賺錢，都是共同承擔或共同獲利。

把行程交給專家來安排，省下的就是時間，只要我們向旅行社報名，選擇好自己想去的國家或區域，人到、錢到就可以出發，後續的行程、景點、美食，通通都讓旅行社幫你一手包辦。不過，跟過團的人都知道，需要給導遊、領隊和司機小費喔！這部份留到下一節再仔細說明。

從旅行團名稱來選基金

當我們決定要跟團旅行，會先選定區域。比方若想去歐洲玩，區域的部分會選擇歐洲，接著再從團名縮小範圍，例如「精選奧捷真善美 10 日遊」，就知道這個旅遊團的區域是奧地利跟捷克；又如果想去美國玩，那很明顯要選「美西雙國家公園 9 日遊」。

這個道理，就跟基金的命名方式一樣。基金名稱上也會有投資區域，例如歐洲基金：貝萊德歐洲基金、安聯歐洲成長基金；美國基金也一樣，例如：摩根美國增長基金、富蘭克林美國機會基金等，從基金名稱就能一目瞭然。

除了區域別，有的還會加上產業別，例如：貝萊德世界科技、摩根太平洋科技，富蘭克林生技領航基金等。前者是「全世界」的科技產業都參與，其次很明顯就是投資「太平洋」區域的科技產業，後者很明顯就是指投資生技產業（後面章節會教大家怎麼用基金月報了解基金的持股狀況）。

總結以上，投資基金的好處有 3 點：

1. **由專業基金經理人幫我們選股。**
2. **不會把所有資金都重壓在同一間公司，而是幫我們分散投資、降低風險。**
3. **無論公司股價高低，我們都可以透過基金的低門檻佈局，最低只要 3 千元就可以買。**

基金是各家基金公司自行發行的商品，再由基金經理人去管理，而我們要再額外支付手續費、管理費等費用。就好像去餐廳吃飯，我們不用自己挑選食材，不用自己下廚煮得滿身大汗，而是找到信任的廚師和品牌，為我們料理出喜歡的食物，由付出成本獲得味蕾和心靈上的滿足。

基金經理人就像主廚的角色，決定了如何把食材發揮淋漓盡致，打造出美味料理，讓餐廳成為搶手的人氣餐廳。至於門可羅雀的餐廳，可能問題在於廚師的手藝，也可能是因為沒有做好行銷。但我堅信鑽石丟到垃圾桶一樣會發光，好吃的餐廳不會被埋沒，畢竟光有好的行銷，但食物不美味無法留住客人，更不是長遠之計。

看到這邊，你會發現**「基金經理人」的角色非常重要，是決定我們會不會賺錢的關鍵之一**。也因為有基金經理人在，所以我們不用花很多時間，去挑選投資商品、注意投資商品的動態、決定加碼或減碼等等，我們只需要做一件事——選對基金並且落實定期定額。

以上就是基金的操作原理，是不是很簡單呢？懂了基本知識後，之後的章節還會告訴你，投資基金要賺錢真的很簡單，就算套牢也不用過於擔心，只要先確定基金的績效基本上沒有問題，長線淨值走勢一路向上，接著落實逢低買進，就能提高勝率。

例如 2020 年 3 月全球股災時，單筆買進的基金幾乎都達到 8 成以上的報酬率。事實證明，只要將好標的逢低買進並持有，就能達成投資目標。我們不需要讓人生冒過多風險，自尋煩惱。

投資的目的是讓我們能不為金錢所苦，自由選擇個人所定義的美好生活方式。當我們不必用人生大部分且精華的時間，勉強自己為了溫飽而做不喜歡的工作，痛苦等待退休，就代表可以選擇有意義的工作，能夠掌控自己的時間與生活的能力。

主播小提醒

一個人的一生可以累積多少財富，不是決定於你賺多少錢，而是你多早開始投資。

2-2 基金跟誰買最划算？教你省荷包的買法

買基金就像跟團要付小費

前一小節提到，跟團旅行除了團費之外，因為把費心動腦的事交給了專家（領隊和導遊），所以在旅程結束後，需要另外支付小費給他們。

在這裡我們可以想像成「團費」指的就是參與投資的錢。**其中買行程付給領隊和導遊的費用，可以看做是「經理費」**，統一由基金公司收取，作為基金公司研究團隊幫你管理資產的費用，而這個費用在投資期間，會每天從基金淨值中扣除。

另外的費用是購買當下的「申購手續費」（不過目前透過基金平台購買幾乎都無須手續費），以及**「保管費」，這是付給保管銀行的費用**。因為基金公司旗下管理的每一檔基金，都各自是由第三方的銀行所保管，所以保管銀行會收取保管費。

以上的經理費和保管費，會直接從基金淨值中扣除，就是投資中的內扣費用。

但如果選擇不在銀行購買，而**經由通路平台購買（例如：基富通、鉅亨買基金、中租基金平台），則不需要帳戶管理費（或稱信託管理費）**（註）。

所以每當有人說購買基金費用很高的時候，我都不厭其煩地重申這個概念，也就是費用已經反映在淨值。另外，你看到的報酬率不會再被扣減，帳面上賺到多少實際就會拿到多少。需要注意的是，是否有額外的贖回費用，但目前國內基金都幾乎不收贖回費，國外基金則是會列在申購說明書中。

簡單來說，費用的收取如下。

1. 手續費：在申購當下就會列出，並於投入的本金之外單獨收取。
2. 經理費和保管費：在計算基金淨值時就已扣除。
3. 贖回費（不一定會有）：在贖回當下才會列出，並從可贖回的總金額中直接扣取。
4. 帳戶管理費：在銀行端購買基金才有。

註：帳戶管理費（信託管理費）透過銀行投資基金才需要收取，目前大多透過銀行的「特定金錢信託」辦理。這個機制由法律規定，是一種銀行擔任受託人，根據委託人的指示，向國內外基金機構下單的機制。因此贖回時，銀行會根據投資期間，從淨值中扣除一定比例的帳戶管理費。

不建議去銀行買基金

我最不建議去銀行買基金，因為會衍生出不必要的費用。我們先從費用開始分析，前文提到，申購基金除了不管在哪裡買都會有的「經理費」及「保管費」（已經內含在淨值裡，無須再另外支付）；「申購手續費」則因平台不同而有差異；在銀行端購買，才會有「帳戶管理費」。

至於產品的選擇，在銀行端主要是靠第一線人員的推薦。恕我直言，大部分的銷售人員都有業績壓力，因此推銷的產品不見得對你是最好，但對他的荷包肯定挹注最多，這樣說大家明白了嗎？

在 10 幾年前紅極一時的澳幣基金，大家還記得吧，隨著澳幣價格急速下跌，理專帶投資人買進，卻沒有提醒出場點。甚至短時間內因為太多人急著獲利了結，都在拚贖回出場的速度，導致基金的淨值快速下跌，形成多殺多的踩踏事件。

因此我誠心建議，如果真的要委託理專幫你投資，那自己千萬不能狀況外，至少要先作點功課充實基本常識，知道自己的錢是投資在什麼標的、有什麼風險，以及該什麼時候出場。不能把賠錢的原因全怪到理專頭上，一來錯過停損點、停利點，有時候也是自己的責任；二來在銀行可以買到的基金種類，皆取決於銀行和哪些基金公司簽代理約。

投信公司有專屬機制

在投信公司開基金戶頭並不難，就跟一般開證券戶頭一樣。目前比較特別吸引人的機制，是有獨特的「複合投資法」，也就是常聽到的「母子投資法」或是「自動停利」等機制，可以透過系統設計的機制，讓持有的基金發揮更大的效益。此外，為了要跟基金平台競爭，投信公司的手續費幾乎都是 1 折或零手續費。

在投信公司申購的最大缺點，就是只能買到他們自家公司的產品，所以如果你對某檔商品情有獨鍾，就可以直接跟投信申購。但麻煩的地方是，如果你想買 8 檔不同公司的基金，就得跑 8 家公司、開 8 個戶頭，增添了作業時間和成本，日後管理帳戶也較不方便。

基金平台適合自主投資者

最後就是近幾年盛行的基金平台，例如：基富通、鉅亨網等等，它們有點像是「基金超市」的概念，可以一站購足各品牌公司的基金商品，手續費通常 1 到 3 折不等，或是不定期有優惠活動，甚至時常有終身免手續費的優惠，也能設定停利停損的提醒機制。

但若買在基金平台，加倍扣款和適時停利的操作就要靠自己了，這適合擅長自主投資且完全靠網路贖回的投資者，主導權幾乎就握在自己手中。

總結以上 3 種購買管道，以下表整理說明。

圖表 2-1 **購買基金的 3 種管道**

	銀行	投信	基金平台
費用	經理費（V） 手續費（V） 帳戶管理費（V)	經理費（V） 手續費（V） 帳戶管理費（X）	經理費和管理費（V） 手續費（V） 帳戶管理費（X）
產品	有簽代理約的產品	只有自家產品	各家產品都有
特色	有理專服務，適合沒時間做功課的投資人	有專屬停利機制，例如母子投資法等	一站購足，適合自主投資、全網路交易者

主播小提醒

最建議在基金平台買，可以省下銀行收取的帳戶管理費（信託管理費）。

2-3 基金分類太多，先搞懂這 2 類就好

決定開始投資後，第一步就是選標的了。但基金目前有上千檔，多得令人眼花撩亂，而且「落落長」的名稱好令人害怕，新手到底該怎麼選呢？不用太擔心，我們一樣回到源頭，和跟團旅行的選擇方式一樣，選擇自己想要去的區域、想要的類型就好。

基金大致有 7 種分類方式，分別是：募資對象、管理方式、發行方式、發行者、區域範圍、投資標的及投資地區，如圖表 2-2。知道這些分類的概念後，就可以輕易地掌握市場上絕大部分基金了！ 在這 7 大類當中，我建議新手直接從「區域範圍」和「投資標的」來認識！

以區域範圍區分

以投資區域的集中度來區分，可以分成「單一國家型」、「區域型」、「全球型」與，另外還有「產業型」等分類，如圖表 2-3。

圖表 2-2 基金的 7 大分類方式

募資對象	公募基金、私募基金
管理方式	主動式基金、被動式基金
發行方式	封閉式基金、開放式基金
發行者	境內基金、境外基金
區域範圍	單一國家基金、區域型基金、全球型基金、產業型基金
投資標的	股票型、債券型、平衡型、貨幣型、組合型
投資地區	國內基金、國外基金

圖表 2-3 以區域範圍區分基金

類型	投資對象	舉例
單一國家型基金	投資集中於單一國家	美國基金
區域型基金	將資產佈局在某特定區域內	新興市場基金、拉丁美洲基金
全球型基金	投資範圍不限單一國家或區域	世界股票基金、全球基金
產業型基金	投資特定產業	黃金基金、能源基金

1. 單一國家型：選一個國家，深度旅遊

單一國家型基金是指「將投資主要集中在某一個國家內」，所投資的國家通常會藏在基金的名字裡面，有點像冠夫姓或中間名的概念。例如「美國增長基金」，主要投資地就在美國；「越南潛力基金」，主要的投資地就在越南，其他以此類推，很容易理解！

如果你對某個國家特別有興趣，不管是政治、經濟或是產業結構等等有深入鑽研，認為該國家的經濟會成長或有發展空間，投資單一國家型基金就會是你的好選擇！

2. 區域型：不要只玩一國，要區域探索！

區域型基金指的是「將資產佈局在某特定區域內」，而投資區域通常也會加在基金名稱裡。舉例來說，「新興市場基金」或「拉丁美洲基金」，主要就是投資在新興市場以及拉丁美洲地區。但當中到底賣什麼藥，也就是詳細的國家分佈，以及配置比例為何，得透過該基金的公開說明書和月報來了解，這部分會於後面的章節中詳細說明。

3. 全球型：小孩子才做選擇，我要環遊世界！

全球型基金由名稱中，不難看出其投資範圍是全球。舉幾個例子，如：「世界股票基金」、「全球基金」或「環球基金」，只要該基金有類似「世界」的詞，就可以大膽斷定該基金的投資範圍，很有機會是遍佈在全世界。也因為投資範圍廣，風險相對較分散，是新手入門定期定額的最好標的。

4. 產業型：我要當達人！針對特定主題深入研究探討

另外，還有一項比較特別的「產業型基金」。顧名思義，這類基金的投資標的都集中於某個產業，例如某某科技基金指的是該基金主要投資在科技公司 ，或是某某黃金基金、某某能源基金，投資的是黃金、能源相關的產業。

以投資標的區分

除了以區域區分，也可以透過投資標的區分基金類型。最常見的「股票型基金」，就是指投資標的為股票。如果經理人買的都是債券，那就是投資「債券型基金」。以下由圖表 2-4，說明以投資標的區分的基金有哪些。

圖表 2-4 以投資標的區分基金

投資標的	投資對象	舉例
股票型基金	主要投資在股票上，市場波動性及風險高	野村優質基金
債券型基金	投資各類型債券，追求固定利息收益且波動性低	NN (L) 投資級公司債基金
貨幣型基金	投資貨幣市場工具，安全性高但獲利相對低	富蘭克林華美貨幣市場基金
平衡型基金	同時投資股票、債券，依市場情況調整投資比例，追求長期穩健報酬	安聯收益成長基金

第3章

從開戶到下單，新手就從 3 千元開始！

3-1 手把手教你在基金超市開戶

在這個章節要教大家怎麼開基金戶。如同我一直推崇的在基金平台購買，它就像一個基金超市，可以一站購足。另外，在基金平台購買不需要付信託管理費，也常常全年享有申購手續費的優惠。目前市場上最普遍的兩個平台，是「基富通」和鉅亨網的「鉅亨買基金」。

開基金戶的大原則與開證券戶差不多，準備好雙證件和扣款帳戶就能開始囉！目前幾乎都可以透過網路直接開戶，以下我們用兩大基金平台舉例。首先以基富通為例，如圖表 3-1，有以下 3 種開戶方式。

晶片金融卡線上開戶需要有讀卡機，我個人認為現代人最適用的就是網路銀行線上開戶。不過要注意，會有適用銀行的限制，如圖中框起處。

只要有這些合作銀行的網銀帳戶，透過網銀進行線上開戶，根據指示一步步就能順利執行，基本上半小時就完成了。一般約

圖表 3-1 基富通的開戶方式及規定

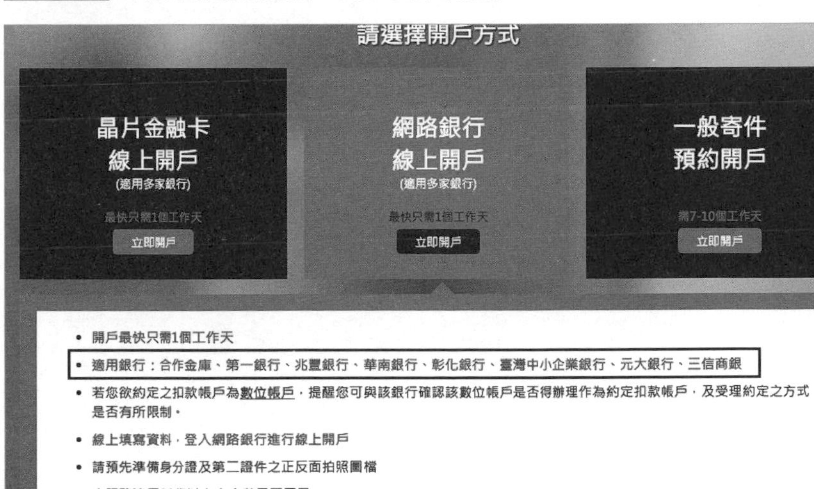

圖片來源：基富通

定的都是以台幣扣款帳戶，我也建議直接用台幣扣款即可。

提供雙證件跟個資的部分，就和一般開證券戶一樣，比較特別的是會有「風險屬性」的測驗要做，如圖表 3-2。根據測驗結果，往後在下單時，系統會提醒你該檔基金的風險，以及適不適合你購買。

基富通的新戶使用開戶優惠碼，能享有定期定額前 12 次申購手續費 0 元。目前平台上的股票型基金，手續費是終身 1 折；債券跟平衡型基金，大部分單筆申購都是 0 元手續費（實際活動優惠依據開戶日期會有所不同）。

圖表 3-2 基富通風險屬性評估頁面

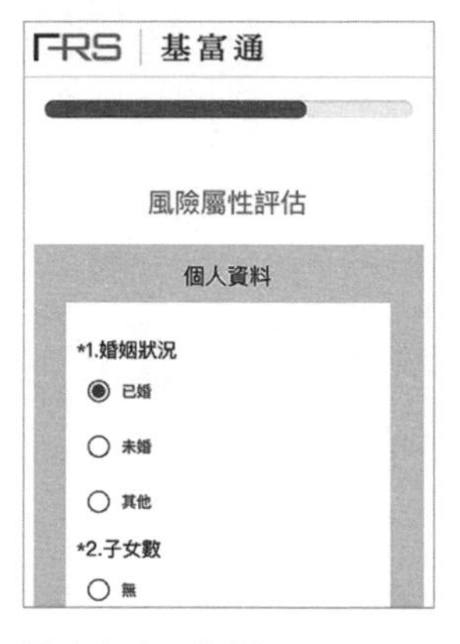

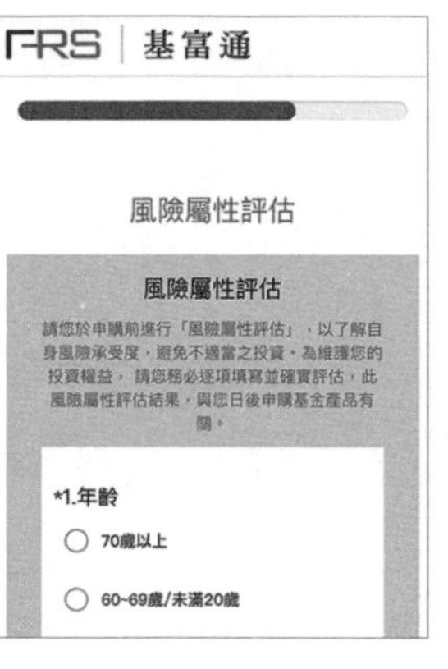

圖片來源：基富通

至於購買流程，如圖表 3-3 有以下步驟：選購基金→加入購物車→登入帳戶→下單。

圖表 3-3 基金申購流程

圖片來源：基富通

以鉅亨買基金開戶

再來介紹鉅亨網的鉅亨買基金方式，開戶畫面如圖表 3-4。2021 年開戶者享有 3 筆定期定額終身 0 元手續費的優惠，這對新手來說等於直接省下手續費成本，非常划算！

圖表 3-4　鉅亨網的開戶方式

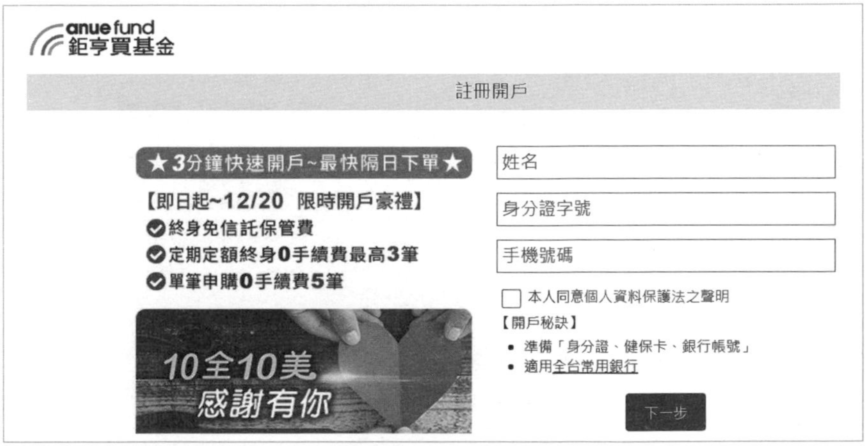

anue fund
鉅亨買基金
註冊開戶
★3分鐘快速開戶~最快隔日下單★
【即日起~12/20 限時開戶豪禮】
終身免信託保管費
定期定額終身0手續費最高3筆
單筆申購0手續費5筆
10全10美
感謝有你
姓名
身分證字號
手機號碼
本人同意個人資料保護法之聲明
【開戶秘訣】
- 準備「身分證、健保卡、銀行帳號」
- 適用全台常用銀行

下一步

圖片來源：鉅亨網

根據上圖的指示，依序填好資料即可完成開戶，和基富通不同的是，鉅亨網風險屬性評估的順序較前。至於風險評估是怎麼做的呢？

如圖表 3-5 的流程圖，先了解你的背景、職業、可投資金額之後，接著回答投資相關的預設問題，系統會根據回答判斷出你屬於適合哪類風險的投資人（基富通會顯示出分數範圍，鉅亨網

圖表 3-5 鉅亨網風險屬性評估頁面

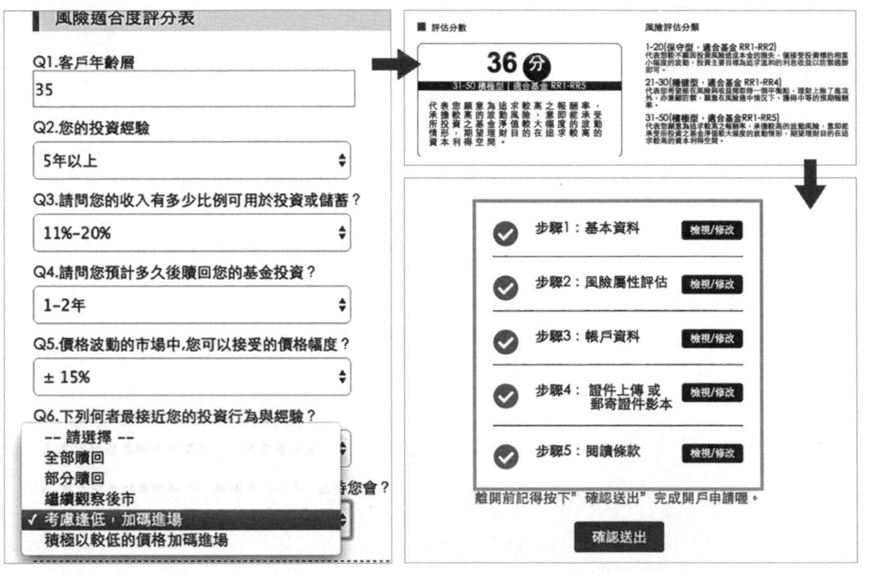

圖片來源：鉅亨網

的則是有明確分數）。接著就是上傳自己的帳戶資料跟相關證件，最後會獲得這個闖關認證！

但要記得，申請開戶的最後一個頁面，如圖表 3-6，還是需要寄出紙本的喔！開好戶之後的下單流程，基本上跟股市下單無太大差異，只是要注意扣款時間點還有淨值變化，下個章節就帶你一一剖析！

圖表 3-6 開戶的最後一個頁面

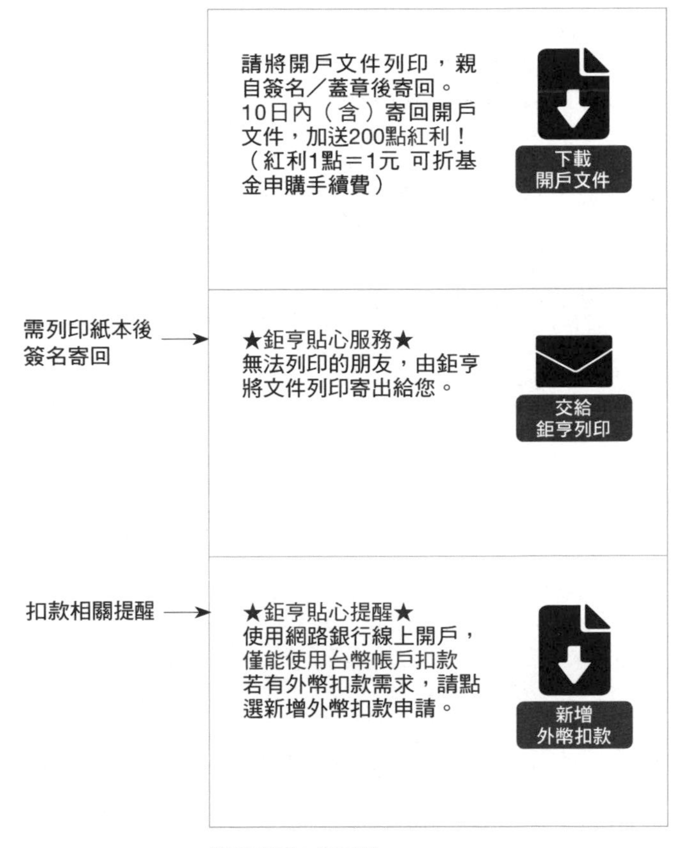

資料來源：鉅亨網

3-2 申購基金要注意的 3 大時間點

完成開戶之後，我們就要踏上基金賺錢之路了！

這節要詳細說明，申購基金須注意的 3 大時間點，分別是扣款時間、下單時間和贖回時間。

1. 扣款時間

我個人建議將定期定額的扣款日期，設定在每月的 6 號或 10 號，等於薪水一入帳就強迫扣款。投資人必須在指定扣款日的「前一天下午 3 點半前」，放入足夠款項。

以我自己為例，我約定的是每月 6 號扣款 3 千元，因此我在每個月 5 號的下午 3 點半前，要確定戶頭有 3 千元。至於單筆申購的投資人，一定要在當天下午 2 點前，確認交割帳戶有足夠的金額，才能成功申購。

2.下單時間

買基金要注意的第 2 個時間點是下單時間，必須先對單筆申購的投資人說明一個重要概念：當天我們看到的淨值一定是前一天的，也就是「昨天」的淨值，這和股票看到是當下市值不同。

而基金下單的當下，投資人也不會知道自己買到的淨值是多少。一般已扣款之基金單位數，約 3 到 6 個工作天會入帳。以下先以鉅亨網為例。

- 當天 13:00 前下單：會根據「當日淨值」做計算，也就是台灣時間「明天」查到的淨值，就是你的成交淨值。
- 當天 13:00 後下單：會根據「隔日淨值」做計算，也就是台灣時間「後天」查到的淨值，就是你的成交淨值。

而基富通的規則如下表：

圖表 3-7 基富通成交淨值計算法

Q8. 單筆/定期定額申購淨值日

一般交易規則請參閱下表：

境內/境外	申購淨值日	贖回淨值日	轉換(同系列基金)		轉申購(不同系列基金)	
			轉出淨值日	轉入淨值日	轉出淨值日	轉入淨值日
境內	T日	T/T+1日	T+1日	基金公司付款日當日	無	無
境外	T/T+1日	T/T+1日	T日	T日	T日	集保到款日隔一工作日

* T日=交易生效日
** 以上表格僅供投資人參考，各系列基金申購淨值計價日不盡相同，須依各基金公司所提供之公開說明書或投資人須知為準。
*** 如遇基金當日無淨值報價，申購淨值日須依基金公司規定為準。

圖片來源：基富通

儘管我們無法確切知道下單當下的淨值，但這對基金投資幾乎沒有影響，因為基金的每日波動通常很小，所以如果不是在大漲或大跌時進出，通常不會差太多。

3. 贖回時間

要注意的第 3 個時間點是贖回時間，也就是錢多久會回到你的帳戶。一般來說，境內基金大約 5 到 7 個工作天，境外基金因為涉及換匯，還有當日是否為上班日，平均是 7 到 10 個工作天。贖回的金額也會受到淨值計算日和匯率的影響，但整體來說都不會有太大變化。

有些新手會斤斤計較單位數乘以淨值後的金額，發現怎麼有些微落差。但這裡要教你真正的高手思維：我們該在意的是每次 20% 到 30% 報酬率，這就是你的操作成績。因此，千萬不要為了枝微末節的小事太過膠著。

3-3 每個月 3 千元的小資族投資法

掌握這 3 大時間點之後，接著我們就要決定「每個月要投入多少錢投資」。一個月扣 3 千元，是可以扣一檔基金的最低金額。所以就算你真的是月光族，無論如何請一定要努力擠出 3 千元。扣款日如前一節所述，建議就設定在薪水入帳的隔天，才能開啟強迫儲蓄和投資之路。

以月薪 3 萬元的小資族來說，投資的金額我建議使用 3 分法，也就是使用薪水的 1/3 來投資。3 萬元的 1/3 是 1 萬，所以可以用來投資的資金有 1 萬。

新手可能想選擇較保守的作法，那也可以從月扣兩檔開始，也就是 1 個月投資 6 千元就好。把剩下的 4 千元存起來，當作之後遇到低點時，可以單筆加碼的銀彈。

因為現金流很小，每個月只需要確保扣一、兩檔基金的投資金額就好。用剩下的 2 萬元應付生活所需，包含房租、日常開銷等等，還有餘力的話也務必把錢存下來，唯有把錢留在身邊，才有步步致富的可能。

建議新手先從以上能做到的投資金額做起，畢竟若每個月扣除的金額太大，導致資金吃緊無法扣滿 1 年，那定期定額的操作就沒有意義了！

主播小提醒

無論月扣 3 千或 3 萬，只要開始投資，讓錢幫你賺錢就是邁向自主之路；當你握有選擇權，就是自信的根源。

3-4 一張表看出定期定額 vs. 單筆申購優缺點

定期定額和單筆申購的方式有什麼不同？又各有什麼優缺點，這一節我們會詳細說明。

首先，「定期定額」的投資門檻比單筆申購低。再來就是我推薦定期定額的最主要原因——無需擔心入場時間點，只需要做到「紀律扣款」這一件事。

不管基金淨值高或低，每個月在固定時間、將固定金額投入基金扣款下，由於無論漲跌都投入固定金額，漲的時候成本高，買到的單位數就會比較少；行情不好時成本低，就會買到較多單位數。所以**定期定額具有平均分攤成本的效果，長期下來買進的位置會低於平均價格，也把投資風險大大降低了。**

而「單筆申購」是一次買進，買進的瞬間已經決定你的勝率，不像定期定額可以攤平成本，所以風險較高。

投資人當然希望在相對低點時一口氣買進，當市場上漲時在相對高點獲利。但因為沒人能夠判定買進後，基金會漲還是會跌，因此要進行單筆申購者，基本上對市場面要有一定的了解，或對全球經濟有相當程度的研究，才不會有太大風險。

所以如果投資人對基金所投資的區域掌握度高，或處於市場趨勢明確時，將單筆資金一次投入，便是適合的投資方式。

至於更進階的投資術，就是定期定額搭配單筆加碼，所以像前面提到的隨時準備好銀彈就很重要。下一章的投資心法就來教大家重要的關鍵「本多必勝」，也就是你能投資的本金越多，勝率就越高！

定期定額與單筆申購優缺點，我整理如下表，大家可以根據本金多寡、風險承受度及個性等等，分析自己適合哪種操作方式。

圖表 3-8 定期定額與單筆申購優缺點分析

	優點	缺點
定期定額	1. 投資門檻低，適合任何資金 2. 無需擔心進出場時間 3. 分攤投資成本和風險 4. 克服人性弱點	1. 不適合短線操作 2. 總報酬可能輸給單筆投資 3. 選錯標的一樣會賠錢
單筆申購	1. 看對進場時間能有大筆獲利 2. 節省單次手續費（定期定額如果沒有手續費優惠，每次申購時都要付出一筆錢。相較之下，單筆申購只需付出一次申購手續費）	1. 波動大、風險高 2. 成本固定 3. 難克服人性

3-5 「贖回」與「轉申購」的小技巧

贖回的技巧

在基金交易中，把錢變現放入口袋叫做 「贖回」。贖回也是有技巧的喔！我們已經知道，雖然定期定額不用時刻關注報酬率，但當設定的停利點到的時候，我們還是該贖回。

若累積的投資本金在 10 萬以下，我建議分成 3 等份贖回。以帳面資產 10 萬元，停利點 10% ～ 15% 為例，我們贖回三分之一，大約可贖回 3 萬 6 千元，這筆金額能再扣一檔基金一年（3,000×12 個月＝ 36,000），這就叫「滾入再投資」，創造複利效果。

至於剩下的 2/3 本金，我們繼續把它養大，持續不停扣之外，下一次贖回改為設定 20%～ 25%，學著把報酬級距拉大，慢慢享受財富果實。

轉申購就是換標的

在基金投資中， 有個比較特別的操作叫做「轉申購」。首先要清楚明白轉申購的真義，**轉申購是指「買回原基金，再申購新基金」，也就是轉換標的的意思。**

如果轉申購是在同一家基金公司轉換，舉例：安聯大壩基金轉申購到安聯台灣智慧基金，就不需要手續費；但如果我想從安聯大壩基金轉換到野村優質基金，因為是不同家公司，所以需要付一筆手續費，費用會直接從贖回的款項扣除。

也就是說，在不同基金公司之間轉換，差別只有手續費，但同樣地都是「先贖回之後才會再申購 」。而贖回後的款項都不會進入原本的帳戶，而是直接換算到新基金，看看能買多少單位數。

什麼狀況需要轉申購呢？就是自己手中的基金績效好像不太好時，我們可以利用轉申購，換至績效比較好的標的。

如果偏好同類型同產業，就要先觀察目前持有的基金持股和標的，去看看其他持股跟目前差不多、但績效好很多的基金。因為這或許就是基金經理人的配置功力問題了，我們藉由轉申購，來看看其他同類型基金的表現。

如果想直接選擇新的一檔基金轉換，透過轉申購的方式，也會比贖回後再自己下單重新申購省時。

所謂省時，就是如果要用這筆錢再去申購一檔新的基金，那還得贖回到你原本的帳戶，大約 5 到 7 個工作天；之後再去申購新基金時，又需要 5 到 7 個工作天，這樣一來一回，時間也過了將近兩週，可能會錯失好的申購時機。

但如果透過轉申購，贖回款項不退回個人帳戶，而是在回到集保中心之後，直接幫你申購指定下單的基金，可以省去等待贖回款項回到戶頭的時間。

主播小提醒

大部分的基金如果在 30 天內贖回，會被視為是短線交易，就會被多收一筆費用（稱為短線交易費）。因此我們才強調基金一定要當作長期投資，把資金定期放入，來養大你的金雞母。

第 4 章

公開累積報酬率 130% 操作心法

4-1 用基金當作投資第一步的理由

為什麼我會如此推崇基金投資，認為它是最適合新手入門的投資第一步呢？以下 4 點結合了我多年財經專業知識，更重要的，是我目前能穩穩獲利 130% 的心路歷程。

1. 省時省力、不燒腦

一般人剛開始學習投資時，總會害怕自己知識量還不夠，不敢去操作，甚至明明花了一些時間研究，但不知道了解到哪個程度才能下手？不知道該買哪種投資商品？而買基金最大的優點，就是可交由專業的基金經理人操作，投資人能省下很多研究的力氣與時間，也能避免忐忑不安的心情。

2 .投資金額門檻低、負擔得起

每個月最低只要 3 千元就能開始的基金投資，對一般人來說門檻很低。不像投資股票一口氣就要拿出上萬元，例如一張台積電要 60 萬元，以 0050ETF（元大寶來台灣卓越 50 證券投資信託基金）來說，買一張也要 15 萬元左右。現在也盛行可以零股交易，不過通常要累積到整張比較好交易，另位零股交易有時候會有溢價問題，也就是成交價比單張貴。但買股票型基金只需要相對少少的 3 千元，就可以同步投資一籃子股票，適合投資新手、職場新鮮人、小資族，甚至大學生都負擔得起。

3. 定期定額、分散風險

我們無法知道什麼時候是市場的高點或是低點，沒人能預測何時會有金融風暴，也沒人知道 2020 年會有 covid-19 衝擊全球金融市場。但透過定期定額的操作，可以讓我們穿越熊牛，分散風險達到獲利穩定。

4. 市場流動性佳

在金融市場，商品的流動性很重要。流動性指的是「當我想賣出商品變現的時候容不容易」。共同基金已經是很成熟的商品，不像房地產是流動性比較低的商品，買進的時候要等適合的標的價格，想賣出也要等到合意的買家出現，時間上會拖得比較久。但在基金市場，無論想申購或贖回，都可以動動手指就好，用網路輕鬆完成。

總結以上的基金優點：第一，只要 3 千元就能開始，門檻相對於股票非常低。第二，它能做到分散風險，雖然目前股市已經開放零股交易，但還是只能買進單一標的，除非是 ETF。第三，基金有個最大的好處，就是一般上班族幾乎沒時間選股看盤，但透過基金參與投資，等於是「交給專業的來」，投資人只要做到選對標的就好。最後，基金的市場流動性佳。

想要經由投資致富不是天方夜譚，但想要「瞬間」致富，就是過於理想化了。我們該做的事情，應該是不在可以努力的時候選擇安逸，持續認真工作，以提升本業薪水。接著提高儲蓄率，累積你能夠投資的本金，把提早退休當作目標。

這裡要強調一個概念，任何有價值資產的價值，來自於當你老了、病了，還能夠保值，且透過時間複利，會持續增加其價值。

因此想投資基金要謹記兩件事：「紀律」且「盡早開始」。我一再強調，只要做好逢低加碼、控管風險和堅持紀律，年化報酬率 20% 完全不是問題。

主播小提醒

最好的投資就是每個月定期定額投資，如果每個月固定投資 5 千元，放在投資報酬率 6% 的工具，30 年也能滾出 5 百萬元獲利。因此正確的退休理財觀念，應該是從現在就開始！

4-2 定期定額的 5 大操作心法

本書中，我會不斷強調非常重要的定期定額，這一小節裡，先重點式分享我的定期定額心法，建立起正確的觀念後，之後的章節會再詳細說明具體的執行方法！

心法 1：時間要充足，本多者必勝

定期定額要成功，最好備妥至少 2 年的資金。主要原因在於，雖然定期定額 2 年內的勝率很高，但如果扣款時間太短，無法走完一個空頭時期就停扣，而沒扣滿整個下跌循環，就無法達到「微笑曲線」，等於沒有成功達到買在低於平均價格、攤平成本，這會嚴重影響績效，實在很可惜（微笑曲線會在第 6 章詳細說明）。

選擇分散且趨勢正確的好基金，並且長抱才能發揮最大的財富效果。一如巴菲特的合夥人查理蒙格說的：「複利的第一原則是，如果非必要，千萬別打斷它。」投資越早開始越好，如果從 25 歲開始定期定額投資共同基金，每個月扣款 1 萬元，且在資產配置的策略下，用 4.5% 的年化報酬率計算，到 65 歲退休前，可以存到 1,340 萬元的退休金。假如從 35 歲開始投資，退休前也能存到 770 萬元現金。

圖表 4-1　存到 1 千萬元，每月需投入的金額

年期＼報酬率	2%	5%	10%	15%
10年	75,221	64,132	48,414	35,886
20年	33,865	24,228	13,060	6,597
30年	20,262	11,966	4,387	1,427

※表格中之投入金額為試算，投資人因不同時間進場將有不同的投資績效，該試算金額不保證一定能產生預估之投資績效

假設因為之前定期定額的努力，我們在退休之後擁有 1 千萬元的資產，再用這 1 千萬元去買配息型基金，賺取 1 年 5% 的利息，1 年也有 50 萬元。我們無法預測後半輩子能活多久，關鍵是先踏實存錢，有紀律地落實定期定額。

心法 2：選對好標的，下好就離手

當我們準備好足夠的資金，每個月就可以用 3 千、5 千元開始參與基金市場。至於怎麼樣把錢花在刀口上？**我建議新手選擇**

標的時，可以從全球市場、美國或台灣的股票型基金入手，而產業類型從科技類開始。從開始扣款那天，只要記得紀律投資，無須天天盯盤，確定自己選擇的是好標的，我們就踏實工作、晚上好好睡，等著獲利贖回的那天。

心法 3：有賺要贖回，好標的不停扣

定期定額可以讓我們睡得安穩，不因市場波動而心情起伏，也無須天天盯盤，但適時觀察報酬率還是很重要！謹記「停利不停扣」，我建議新手一個月登入一次平台查看就好，因為一個月才扣款一次，如果金額累積不大，就算報酬率高也沒有太大的意義。

此外，可以設定自己滿意的報酬率，建議新手以 10% ～ 15％的報酬率為目標，想等待久一點的可以設定 20%。目前很多基金平台和投信公司，都有設定停利通知的機制，但切記要做到停利但不停扣。如果基金扣在相對高點，在下跌段切記不停扣，攤平成本的效果才會顯現出來。當市場反彈，長期累積的單位數可望讓報酬加速逆轉勝。

心法 4：獲利入袋後，滾入再投資

投資人獲利贖回肯定很開心！但邁向基金高手的關鍵是，切記千萬要再把錢投入市場投資，而不是通通花掉。當然可以適當

犒賞自己，但我建議要把至少 8 成獲利贖回的錢再投入市場。操作方法是除了原本不停扣的基金之外，再用獲利贖回的錢多扣一檔基金。也可以用母子基金法，把錢單筆放在較穩定的平衡型基金，慢慢養大金雞母，累積財富。

心法 5：逢低加碼扣，天天都便宜

基金投資有一個重要概念要先建立，就是通常只設停利而不設停損，賺夠繼續走！！

不設停損的原因是，當我們確定買進的是好標的，就無需擔心一時的波動跟休息，只要是長期淨值向上，短中長期績效都在前段班的好基金，低點時就是加碼買進的好時機。加碼指的是，除了固定每個月的定期定額之外，提高扣款次數和扣款金額！

這幾年我觀察絕大多數的投資人，都是去追買漲最多的基金，一旦碰到市場下跌帶來虧損，就開始擔心再下跌，而把定期定額停扣，喪失在底部累積更多單位的機會。

切記！我們做定期定額就是要帶你穿越牛熊，達到滿意的微笑曲線。市場本來就有漲有跌，只要確定投資的基金標的長期看好，上漲固然高興，短線下跌與虧損時，反而是累積更多單位的好時機，因為一旦市場再往上，獲利速度會更快。

比方說，以這兩年受到全球公衛事件 covid-19 和美國公債殖利率突然飆升的影響，全球金融市場受到巨大波動。如果本來只設定 9 號扣款，但遇到千載難逢的股災回檔，就可以設定在 19

號、29 號都扣款。

我舉貝萊德科技這檔基金為例，根據基金網站統計，這是在 2021 年 3 月初到 2021 年 3 月 10 日最多投資人加碼扣的基金。以單日淨值來看就很清楚，2021/2/9 的淨值是 86.06 美元，隔了 1 個月 2021/3/9 的淨值是 75.08 美元，差了將近 11 美元。抑或是 2021/2/26 加碼扣，淨值是 79.67 美元，也能扣在相對低點。當我們可以把握在低點加碼，就能夠步步降低持有成本。

綜合以上，我們知道定期定額的好處是：不需要在意進場點，隨時都可以開始。每個月投入資金都是一次進場點，無論股市高檔或低檔都沒有影響，差別只在於扣款金額的多寡。甚至看到低檔一定要加碼，尤其報酬率為負時，應該加倍扣款。

例如從每個月 3 千元加碼為每個月 6 千元，迅速累積基金單位數，等到景氣回升時，將有聚沙成塔的可觀成果。買在便宜的價位，不只能安然度過下跌波，若堅持紀律，加速累積單位總數，就能在未來獲得更好的報酬率。

主播小提醒

趁著年輕時越早投資，隨著時間複利滾動，財富累積也會越來越多，最後被動收入甚至會超過主動收入，那時我們就可以選擇自由的人生。

4-3

基金投資的 4 大原則

知道基金的好處之後，要怎麼持之以恆、積少成多呢？這一節要告訴你，掌握投資基金的原則，能幫助你在高點時獲利，在低點時沉住氣，等待更好的報酬率！

原則 1：定期定額長期投資

上一節的 5 大投資心法中，我們已經確認定期定額是適合所有人的投資法，月薪從 3 萬到 30 萬都適用。唯一的關鍵就是「紀律和堅持」，在基金市場我們不求賺快錢，但求靠紀律扣款達到穩定獲利，所以一定要堅持長期投資。

原則 2：選擇具有成長性與穩定獲利的標的

這點很重要！不熟悉基金投資的人，印象中可能是買基金都會賠錢，這種誤解由兩個因素造成：第一是對基金不夠了解，第二是用錯投資方法。

我認為過往買基金會賠錢，最重要的因素是標的錯誤。以前買基金的管道比較不普遍，大多透過銀行端推薦，而被推薦的或許都是產業類的基金，屬於國人比較不熟悉的領域，例如能源基金、南非幣、澳幣基金。

但如今資訊多元且發達，投資人一定要從自己熟悉且了解的領域入門，例如台股基金和美國科技基金，就具備成長性和穩定獲利這兩大特性。

原則 3：藉由客觀指標和長期績效來篩選

我們已經知道台灣和美國市場適合投資，但符合這兩個市場的基金有好多種，該怎麼篩選呢？在後面章節中，會教你用客觀的星等指標，還有長期績效來篩選。就像投資股票時，我們會看 5 年線、10 年線的技術線圖一樣，成立時間久且規模大的基金，從過往績效就能看出它是否具備投資價值。

原則 4：從選擇手續費低廉的平台開始

有句話說：「投資的勝率在你買進的瞬間！」第 3 章已經手把手教你從開戶到下單，且透過比較各種管道，我們知道在基金平台下單，是目前最省錢的方法，能成功把手續費成本降低，從頭節流省下投資成本。所以，務必謹記從自己熟悉、最優惠的平台下單，也是幫助提高勝率的重要關鍵！

4-4

要注意！定期定額易觸 5 大誤區

定期定額投資基金是長期投資的好選擇，如果能夠持續投入，就有機會享受到累積的甜美報酬。但投資新手有幾個常見的錯誤觀念，使自己無法獲利，甚至得認賠。

常見錯誤 1：看到下跌就贖回

下跌就贖回不但無法享受到獲利果實，而且是砍在最低點。別忘了定時定額最重要的原則，就是「持續投資」，不需要煩惱目前股市是高點還是低點。反而當股市下跌時，更應該繼續買進，一定要在低點勇敢加碼、密集扣款， 因為這個時候才能夠低檔撿便宜，買到更多單位數。

常見錯誤 2：沒有遵守紀律

定期定額靠的就是紀律，必須在每個月固定的時間扣固定的金額，所以建議最好設定扣款日為發薪的隔天，這樣就是奉行「富人公式」，直接把錢儲蓄起來。千萬不能因為這個月手頭比較緊，就擅自停止扣款，這麼一來可能會造成平均價格提升。再強調一次：遵守紀律長期扣款，可以讓我們等於買在低於平均成本，確實提高獲利率。

常見錯誤 3：風吹草動就出場

「你如果不想持有一支股票 10 年，你連 10 分鐘都不要持有。」這裡就要用巴菲特的名言分享。這句話不是指我們一定得投資 10 年，而是強調要有耐心地持有，不要因為市場一出現波動就毅然決然贖回。這種人常常會賣在最低點，最後賠錢告終，大大違背了「定期定額」降低投資風險的功效。

常見錯誤 4：沒有定期追蹤績效、買了就不管

我們推崇定期定額，是因為透過小批買進且分散投資時間點，能降低風險，長期下來可以讓我們安心、睡得著覺，所以被形容為「傻瓜投資術」。

但不是真的要投資人毫無策略地當傻瓜，定期定額買入基金後就不管。

透過基金投資，雖然不用像買股票一樣天天盯盤，心情隨著股價起伏，而是靠長期投資把本金慢慢養大，可是就像養寵物一樣，即使你養的是獨立、會自己長大的金雞母，做主人的偶爾還是要去探視，至少要每季檢視一次自己的投資組合，看是否有需要適時調整。

常見錯誤 5：標的換來換去沒有定性

基金新手入門時，謹慎選擇基金很重要，除了透過前面教的 4 個法則，還要多看過往績效。但許多人會因為初入投資市場，對報酬率斤斤計較，或許 3 個月下來認為不如預期，道聽途說或是看到報章雜誌介紹，就隨意轉換標的，缺乏等待的耐心。

我認為與其追逐市場上最熱門的標的，還不如好好關注熟悉的市場。**我推薦入門者的股票型基金，以全球市場、台股、美股為鐵三角，在保守資產則配置平衡型或是優質債券基金，來做到分散風險與收益**。以完整但簡單的投資標的組合，來對應市場波動，會比時常轉換標的又不確定績效更輕鬆自在，同時也可降低錯估市場的風險。

此外，再補充一個重要的概念：定期定額的出場點決定了我們的獲利率。所以，除了不要犯上述的 5 大錯誤之外，設定好自已滿意的停利點也很重要。新手設定為 10%～ 15% 都可以，只要謹記停利不停扣，慢慢抓到投資方向跟感覺後，也能把停利點設到 20% 甚至 30%，持續提升勝率，成功用基金種出你的搖錢樹！

我們可依基金的種類設定適合停利點，通常單一國家＞區域型＞全球型，新興市場＞成熟市場，股票型＞平衡型＞債券型。或依每月扣款金額大小設定停利點：金額越大時停利點可設得越低，畢竟每月扣 10 萬元的人，和每月扣 3 千元的人，停利點當然會不同。

此外，也可依據市場高低點來設定：市場越高時起扣的人，停利點要設越低。如台股從 7 千點漲到 1 萬點，7 千點起扣的人停利點可設 30%；而等到 9 千 5 百點才起扣的人，停利點當然不能設為 30%。

主播小提醒

小錢也可以開始投資！大部分的人也都是從小錢開始累積的！謹記勿踩地雷，就能慢慢邁向財富自由之路。

第 5 章

選標的不燒腦，5 大篩選機制幫你過濾

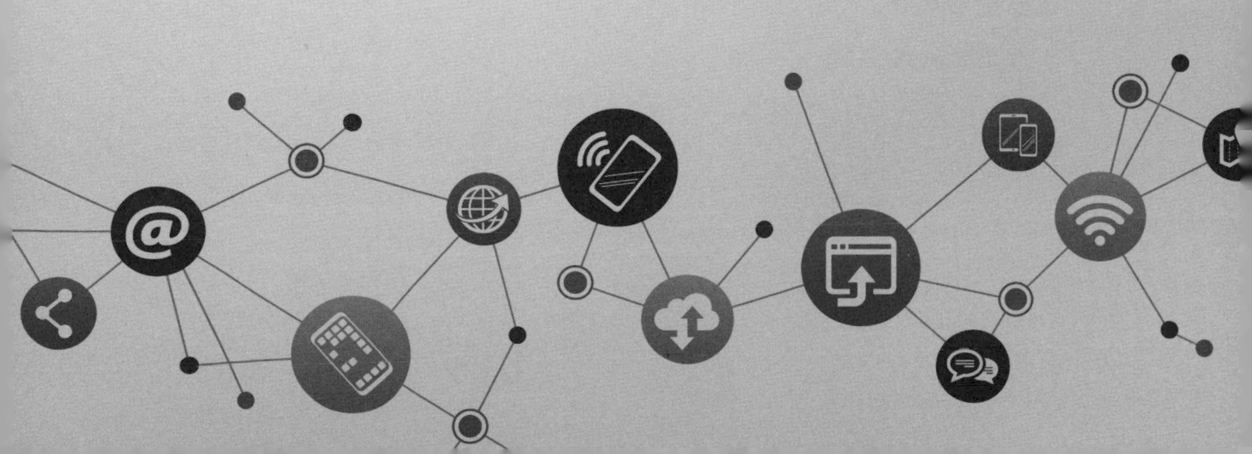

5-1 檢視自己的投資風格，看適合買哪類基金？

在第 2 章已經介紹過基金是什麼、有哪些種類，這一章就來詳細教大家應該怎麼挑選。首先來看看，自己屬於以下哪種投資風格吧！

A 型投資風格

「我絕不放過任何一個可以變有錢的機會，加碼投資不是問題！」

- 基金種類：積極成長型基金
- 代表基金：新興國家市場基金

B 型投資風格

「我就這麼多本錢，全梭了！」

- 基金種類：成長型基金
- 代表基金：股票型基金

C 型投資風格

「既然投資就是要賺錢，追求穩定報酬率！」

- 基金種類：平衡型基金
- 代表基金：平衡型基金

D 型投資風格

「不求大富大貴，小確幸就 OK，能夠有現金流更好！」

- 基金種類：債券型基金
- 代表基金：債券型基金、貨幣型基金

投資一定伴隨著風險，雖然賺錢人人愛，但每個人能接受的風險程度不同。不論你是透過銀行、投信或基金銷售平台，由任何一個銷售機構買基金，都要先進行風險屬性評估，才知道你能接受多少投資風險。我們也要先確認好，自己打算要買的基金標的，其風險屬性必須在可接受的範圍內。

千萬別嫌麻煩、嫌投資不自由，就略過這個重要步驟，這可是在保護從你口袋拿去投資的每分血汗錢！

5-2 看基金的身分證——秘密就藏在月報裡

第 2 章學會看懂了基金的區域和類型，上一節也認識了風險評估後，這一節很重要，要來學會看基金的績效和投資風格。

基金績效只需看長期表現

就像跟團時，旅行團會發行程表讓團員確認細節一樣。在我們買基金前，也要好好從基金的身分證，也就是「基金月報」來好好認識這檔基金的前世今生、基因序列。所謂的前世今生，就是指基金的績效表現；而基因序列，就是指基金的投資風格。

首先，觀察基金績效時，除了看 1 年績效之外，別忘了我們是要交給時間複利來賺錢，所以觀察 3 年、5 年，甚至 10 年及成立以來的「長期」績效也是重點。

至於關注的重點是什麼呢？大原則是長期績效一定不能太差。如果一檔基金過往長期都贏不過大盤指數，你很難期望它未來突然變得更好，那還不如直接買指數型 ETF 就好。

那要去哪裡查呢？目前很多基金平台都有提供「基金績效查詢」的功能，可以直接和指數做對比，不用再打開月報一檔一檔查詢，非常方便投資人參考比較。

此外，基金的績效還可以和同類基金對比，如圖表 5-1。不過要注意的是，不是每家基金公司的月報上，都會列出對應指數的績效。

圖表 5-1 基金績效表現

基金概況　基金檔案　持股明細　風險評等　報告下載

績效表現　　更新日期：2021/03/18

	1月	3月	6月	今年以來	1年	3年	5年	10年
基金績效	-10.96%	-0.30%	26.03%	-1.21%	128.86%	144.39%	389.67%	485.38%
基準指數	-3.49%	3.16%	18.73%	2.13%	78.49%	93.85%	244.92%	424.12%
同組平均	-6.43%	5.51%	22.36%	4.11%	86.35%	79.42%	176.20%	277.06%
同組排名	130/152	120/149	68/132	127/149	12/124	6/92	5/74	6/56
贏過N%基金	14%	19%	48%	15%	90%	93%	93%	89%

資料來源：鉅亨網

圖中的「基準指數」就是和大盤指數比較的結果。這檔基金是非常多台灣投資人持有的美國科技基金，從長期績效來看是超級前段班，不論 3 年、5 年、10 年內都贏過近 9 成基金。儘管年初有動盪，表現並不好，但有過去績效支撐，代表它是一檔經歷高低震盪還能有好績效的基金，而年初的低點正是好買點！

看完績效之後，我們要抽絲剝繭，找出這檔基金的投資重點。就像旅遊行程中，有些地方是走馬看花，但有些地方會停留久一點做深度旅遊。所以我們要觀察基金月報中的「投資國家分佈」與「產業分佈」，大多數的基金月報中都會列出前 10 大國家分佈，或者產業分佈。

觀察基金的投資風格 & 操作策略

基金所投資的國家或產業是否有集中現象，有時光看名稱不一定能判斷出來。對於一些標的範圍很廣，比方全球型或區域型的基金，因為沒有投資範圍的限制，投資地區可能很分散，也可能很集中。我用圖表 5-2 的三檔基金資產配置，來說明同樣是全球型基金，投資風格卻大不同。

以下三檔基金都屬於全球基金，但投資比重截然不同：A 基金有過半在美國；B 基金則是相對平均；C 基金將近 8 成在美國，這就是「名稱上看似分佈於全球，但實際上投資區域很集中」的案例（明明歸類在全球型基金，卻 8 成投資在美國）。

我也遇過名稱為區域型投資亞洲的基金，卻超過 6 成都投資

圖表 5-2 投資風格不同的三檔全球基金

全球基金 A 投資風格

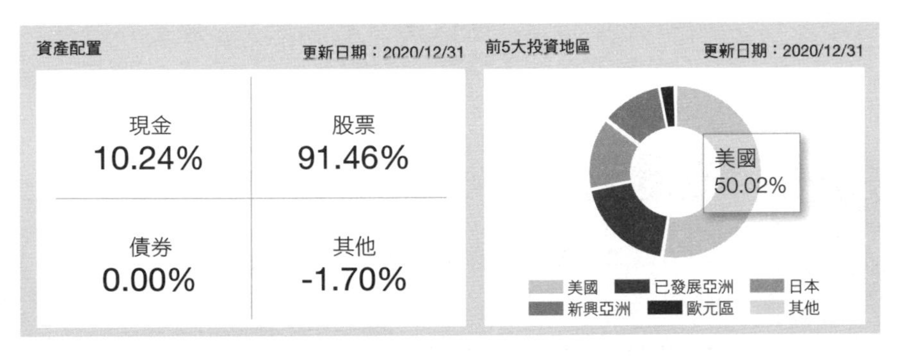

全球基金 B 投資風格

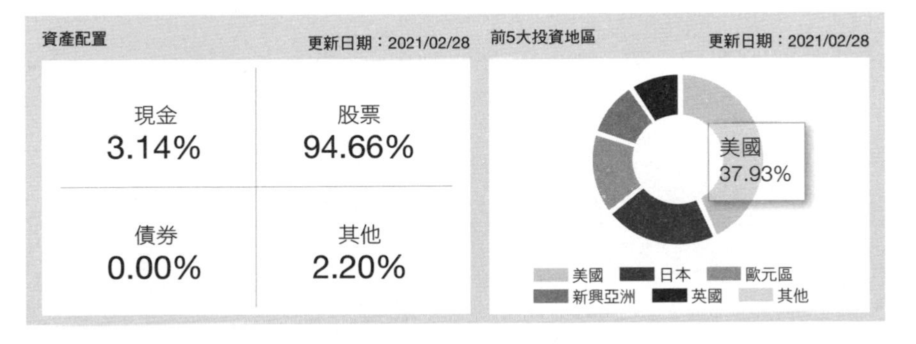

全球基金 C 投資風格

資產配置　更新日期：2021/02/28

現金	股票
1.00%	99.00%
債券	其他
0.00%	0.00%

前5大投資地區　更新日期：2021/02/28

美國 78.36%

美國　已發展亞洲　新興亞洲　歐元區　英國　其他

資料來源：鉅亨網

在中國。就這兩個案例而言，它們比起全球型或區域型，更類似單一國家或單一區域基金。當有這類集中現象出現，我們就要留意這檔基金的操作策略，是否和你當初想的不大一樣。

主播小提醒

風險不是你的敵人！最大的風險，是沒有去了解你的投資標的！

5-3 觀察持股狀況 & 經理人配對，是否接近預期

觀察基金前 10 大持股

幾乎每檔基金都會列出持有的前 10 大標的，當我們買基金時，這些持股等於是自己擁有的投資組合。看清楚 10 大標的，能更了解自己買進的內容是什麼，幫助我們檢視出有沒有意料之外的持股，也能觀察到經理人選股風格是否和你想像的一致。以下整理出幾個觀察重點。

1. 看持股比重分佈

第一是看該檔基金的前 10 大持股比重分佈為何，這由投資產業分佈可以看出。如圖表 5-3 的這三檔，它們都是以科技為主的基金（註），但根據經理人的喜好和操作方式不同，投資的比重

註：凡是基金名稱上有「科技」、「智慧」或是「人工AI」的，都是以科技為主的基金。

圖表 5-3 三檔基金持股比重分佈

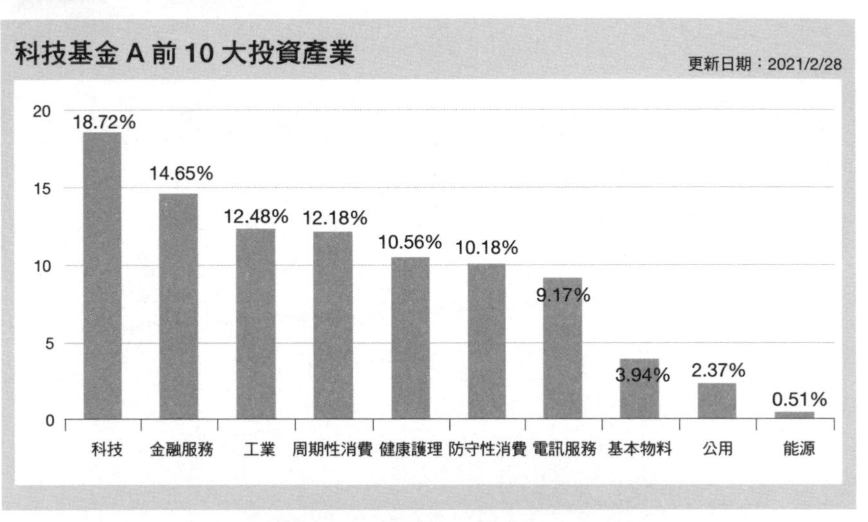

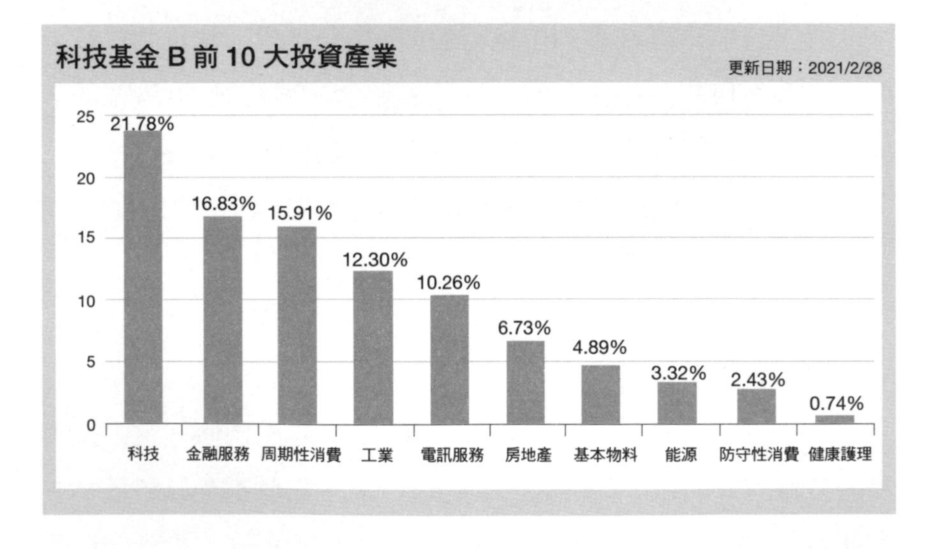

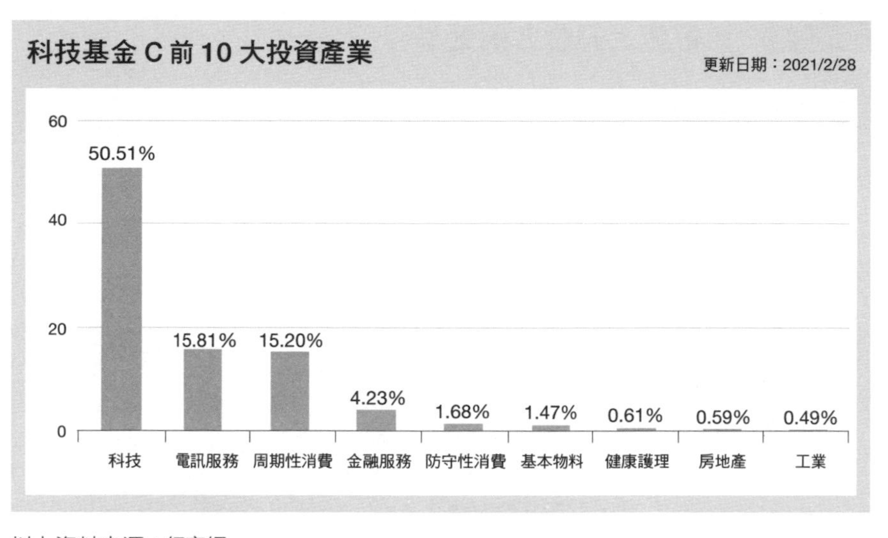

以上資料來源：鉅亨網

會有所不同。仔細看就知道，這三檔基金的科技類持股，有的比重很平均，有的甚至占一半以上。（以上基金只是示意圖，無推薦之意。）

2. 檢視個股名稱

但光看持股比重還看不出準確標的，必須更進一步檢視前 10 大投資標的「個股名稱」，看看是否有意料外的個股出現在前 10 大。

從圖表 5-4 的上圖中可以看到，科技比重只占 11%，而下圖的前 10 大投資標的都是科技類股，有蘋果、微軟、Google 母公司、Amazon、臉書、特斯拉……。想想是不是挺不錯的，1 個月只花 3 千元，就能買下這些全世界的好公司。

圖表 5-4 比重加上個股名稱更準確

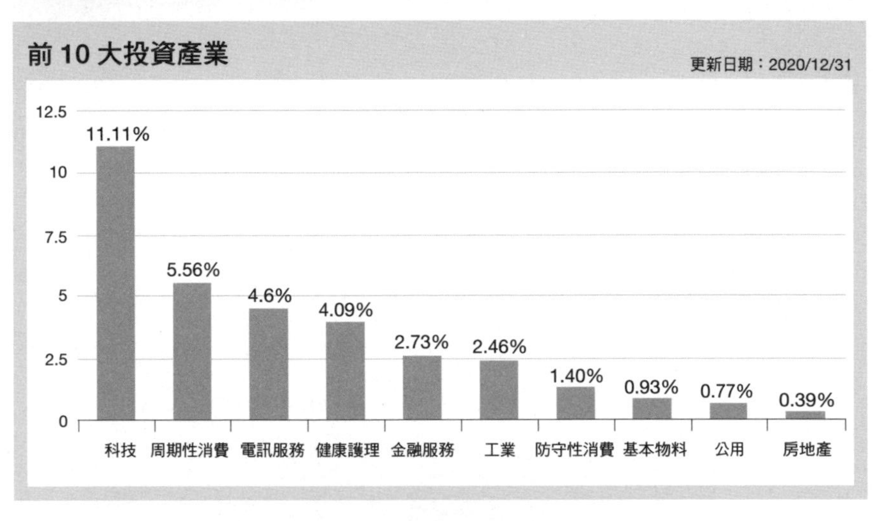

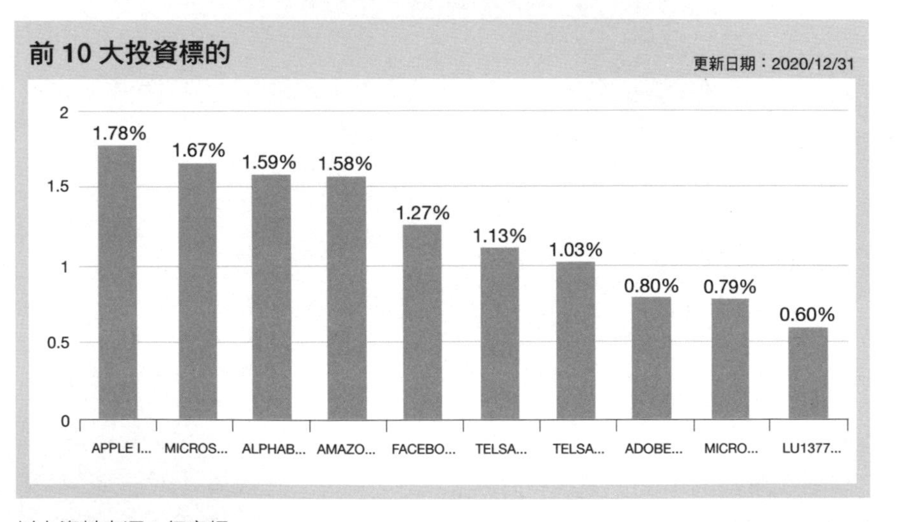

以上資料來源：鉅亨網

與經理人配對

除了上述的觀察比重與個股，我們更可以透過前 10 大投資標的，去看經理人的持股的狀況是否符合預期？

從圖表 5-4 的持股狀況也可以看出，經理人跟你的喜好是否相同、經理人持有的個股股票是不是自己也會購入，其實就是一種「配對」的概念。

同時也能清楚看到最近的績效是來自哪一些選股；又如果基金最近幾年表現不錯，貢獻是來自多檔股票、還是來自某一、兩檔持股。有的時候一、兩檔漲好幾倍，很可能就貢獻了大多的績效；如果很多檔都選得不錯，也代表經理人功力很好。

學看資產分配：必需性消費 VS. 非必需性消費

從看基金產業比例跟持股，我們也可以學到資產分配。例如圖表 5-5 中，占比重最高的稱作「必需性消費」（Defensive Sector，因為翻譯不同，也稱為防守型消費或是防禦性質消費）。反之為「非必需性消費」，例如車、精品等奢侈品。

相較於必需性消費，我們將非必需性消費定義為成長型資產，它跟景氣連動密切，因為人們有錢的情況下，才會買車、買精品。

接下來說明消費類股的概念。消費類股分為兩大類型，如圖表 5-6。

1. 非必需消費類股

第一種「非必需」消費類股，就是字面上的意思，有錢有閒的時候才會去消費，沒有也不會活不下去，但有了會活得更快樂開心。回想當領到薪水或收到業績獎金的時候，是不是會特別想犒賞自己？通常會買個奢侈品，或者是安排一趟旅行。

2. 必需消費類股

但大環境不景氣時，別說獎金了，還可能面臨被老闆減薪或被迫放無薪假。這個畫面還記得嗎？在台灣 2021 年 5 月爆發疫情的衝擊下，大家應該都很有感，褲袋勒得特別緊，居家防疫中人人自危，但當時什麼東西的需求反而飆升呢？

沒錯！就是食物。當時人潮都擠在賣場搶購糧食，就像俗話說的「民以食為天」，不管景氣好或壞都要吃飯。

同樣道裡，無論景氣好或壞，人一旦生病了就得去看醫生。此外，所謂的基礎建設，也就是水電等公用事業，也不會受到景氣好壞影響（直接聯想類似台水或是電信三雄）。

上述的這些類別就歸類在第二類，也就是不論經濟好壞，需求都一直存在的「必需消費類股」，是維持人類生活所需的相關產業。

圖表 5-5　基金資產配置圖

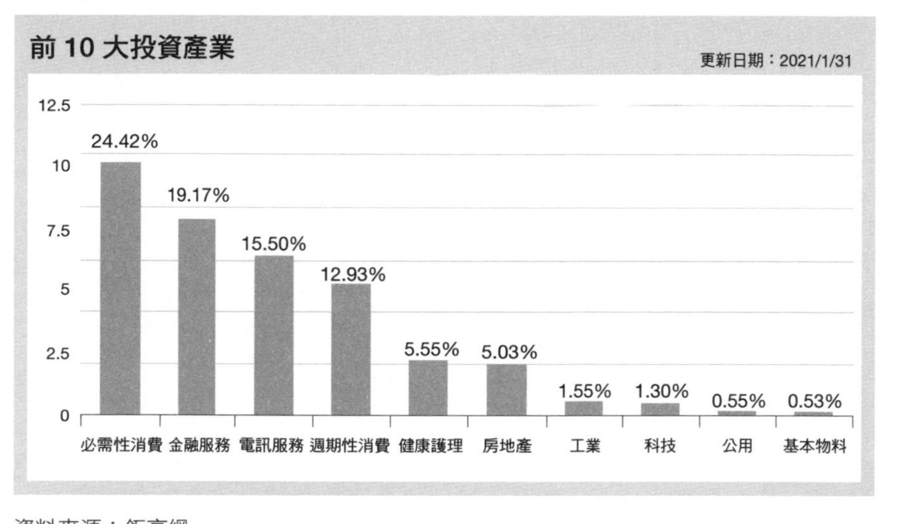

資料來源：鉅亨網

圖表 5-6　消費類股兩大類型

<table>
<tr><th>分類</th><th>必需消費類股</th><th>非必需消費類股</th></tr>
<tr><td rowspan="4">子產業</td><td>食物與主要用品零售</td><td>汽車與零組件</td></tr>
<tr><td>食品、飲料與菸草</td><td>耐久消費品和服裝
（家庭耐久財、休閒娛樂產品、紡織服裝和奢侈品）</td></tr>
<tr><td rowspan="2">家庭與個人用品</td><td>消費服務
（飯店、餐廳、休閒娛樂服務和多元消費服務）</td></tr>
<tr><td>零售
（分銷商、網路零售或直銷、多元化零售和專賣店）</td></tr>
</table>

資料來源：鉅亨網

正是因為這類生活必需消費商品或服務，不會因為整體景氣冷暖而顯著減少或增加消費，所以這類產業通常波動平緩，被視為安全或保守的投資領域。特別在經濟週期走軟時，是最理想的避風港。

相信大家看完以上這些，都已經知道怎麼理出基金月報的重點，來評估基金了！

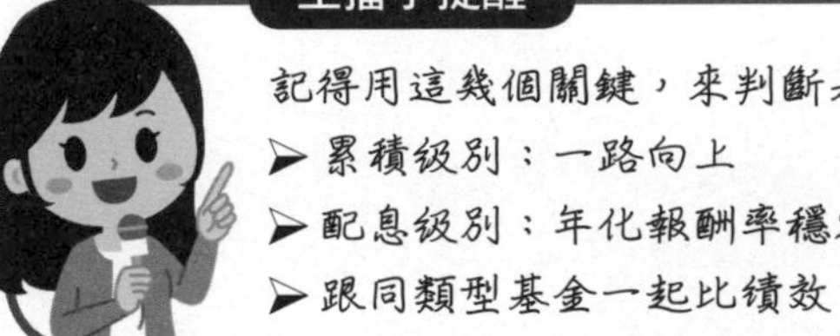

主播小提醒

記得用這幾個關鍵，來判斷是不是一檔好的基金！

➢ 累積級別：一路向上

➢ 配息級別：年化報酬率穩定

➢ 跟同類型基金一起比績效

5-4 基金大跌後的表現，更具指標性

抽絲剝繭一番後，終於選定想投資的基金了。資金不多的人該怎麼開始呢？首要的秘訣是不要只看好的，也要看差的！怎麼說呢？就好像選伴侶的時候，不要只看他心情好的時候，也要看他心情不好的時候，表現會是如何、狀態是否穩定？

相同道理，應用在基金的選擇上，**我們不要只看多頭時的績效賺多少，還要看空頭時的變化**。因為只看多頭的話，股票、基金清一色肯定都很好，就像大部分人心情好的時候，表現都蠻正常的。

但有的人脾氣來的時候會變成另一個人，可能惡言相向，甚至傷害到他人。有的人會有自己排解情緒的方法，這樣的人通常會被說 EQ 很高，更進一步代表穩定度很好。我們選基金時，就是要選這種！

以 2020 年疫情下的美股為例

同時我們還要理解，**股票的特性通常是「牛長熊短」，也就是多頭長空頭短，但儘管空頭短，卻常常會帶來很大的跌幅。**

我們舉 2020 年美國股票市場驚濤駭浪的一年來看，年初 covid-19 疫情爆發，美股 3 月份第一次觸及熔斷，連當年 89 歲的股神巴菲特，都以為此生只會見到一次。沒想到之後短短的 8 天內，全世界陪著他又見證了 3 次。不到 10 天的時間，美股觸及 4 次熔斷，從 2 月到 3 月，美股市值蒸發 1/3，全球最重要的金融市場美股重摔，其他國家跟著倒頭栽。

當時全世界很多人都認為「病毒」這共同的敵人，會讓經濟陷入大蕭條一去不回。當時我打開基金列表，第一次看到 –40%，這數字把我過去賺的都吐回去了。同一時間，可能很多人選擇的是拋售，畢竟沒人面對過這樣的狀況。但比起驚嚇，我反而想的是——要加碼的銀彈夠嗎？

我能有這樣的信心，是因為知道選的都是好標的，即便在空頭會摔跤，是位有脾氣的伴侶，但它會自己排解情緒，之後很快就會回復平常水準。不只我有這樣的信心，在熱錢推升之下，如圖表 5-7，美股 3 月 23 日觸底，之後就開始上演滿血復活！

在科技股率先領軍之下，標普 500 指數和那斯達克指數 9 月份，如圖表 5-8，率先突破疫情爆發前高點。到了 2020 年封關日，那斯達克指數全年漲了 43%，更創下 11 年來最佳表現，之後在 2021 年 1 月到 5 月，續創歷史新高。道瓊工業指數則在第四季

圖表 5-7　觸底後大幅回升的美股道瓊指數

資料來源：Google 財經

圖表 5-8　那斯達克指數大漲 43%

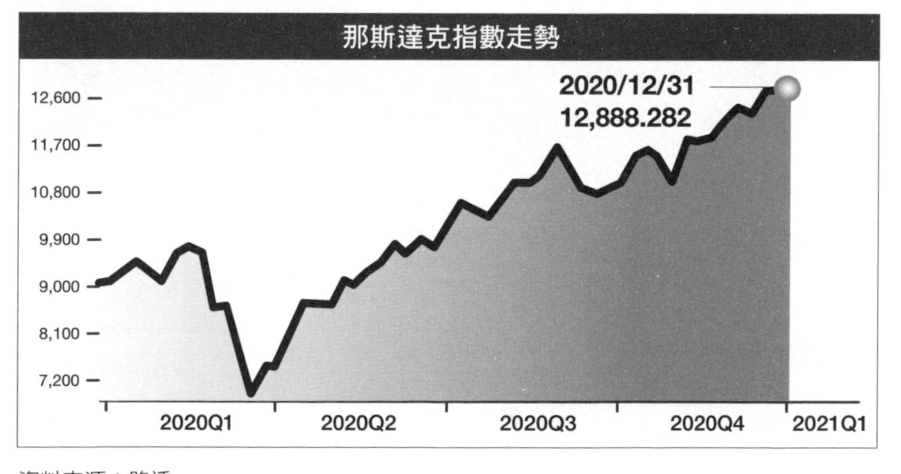

資料來源：路透

11 月中跟進，突破 3 萬點大關，並在 2021 年創歷史新高。不只完全收復疫情期間失土，更突破過去表現。

漲幅近 30% 的實戰案例

下圖是我本人在 2020 年的部分收益，基本上不到半年的時間，漲幅都接近 30%。所以我們說，選基金要看歷經幾次大跌之後的表現，這 3 檔剛好分屬 3 家基金公司，投資區域也不儘相同，但都能歷經多空，有不凡表現。

圖表 5-9　2020 年低點加碼平均報酬率 30% 實例

到價提示／停損停利通知

親愛的詹＊依您好：

您在基富通購買的基金已觸及提醒價格，詳細如下：

基金名稱	交易幣別	提醒淨值／漲跌幅	目前淨值／漲跌幅	淨值日期
摩根亞洲增長基金	TWD	20.00% —	28.22%	2020/07/10
貝萊德世界科技基金A2美元	TWD	25.00% —	28.91%	2020/07/13
安聯中華新思路基金-新臺幣	TWD	20.00% —	33.26%	2020/07/10

資料來源：基富通

不過想要收割之前，初入基金市場的新手投資人，要稍微訓練出強心臟，先問自己能接受 –40％的報酬率嗎？要能接受可能有這樣的風險，才有賺 40% 的資格。所以看完一檔基金在過去多頭跟空頭年的績效，就可以去思考是否值得投資、是否能承受得起風險，比例又應該放多少？

主播小提醒

理財需要練習，投資是理財的一部分，也需要練習。如果你也能越早開始，就越容易達成看似不可能的目標！

5-5

用星等 & 個人風險屬性篩選

第一步：看懂晨星的等別

進入鉅亨網的基金搜尋網頁之後，我們先不預設任何條件，仔細看每檔基金名稱下方的「晨星 5 星」或「晨星 4 星」評等，這就是量化數據，如圖表 5-10。

圖表 5-10 鉅亨網每檔基金的基本資料

貝萊德寶利基金 晨星 5 星	44.8300 2021/06/11	-0.22 -0.1000	7.64	台灣	台灣股票	1999/05/10	比較 申購
野村 e 科技基金 0 手續費	39.7400 2021/06/11	-0.33 -0.1300	10.67	台灣	產業股票 - 科技	2000/09/16	比較 申購
聯邦金鑽平衡基金 晨星 5 星	36.6857 2021/06/11	-0.14 -0.0511	5.81	台灣	股債混合(平衡型)	2003/06/10	比較
永豐趨勢平衡基金 0 手續費	59.8600 2021/06/11	-0.07 -0.0400	5.22	台灣	股債混合(積極型)	2002/08/20	比較 申購
國泰大中華基金	36.2600 2021/06/11	-0.41 -0.1500	2.33	中國/大中華	台灣股票	2002/01/31	比較 申購

基金名稱下方會有晨星評等

圖片來源：鉅亨網

晨星最佳基金獎素有「基金界奧斯卡獎」的稱號，今年已經邁入第 14 屆，因評選客觀嚴謹，是國內最具公信力，也最受投資人期待的基金獎項。

或是你心目中有想認識或了解的基金，最基本的就是看「績效」，鉅亨網在這部分做得很好，如圖表 5-11 會直接跑出同組排名，可以成為挑選基金的依據。

圖表 5-11 鉅亨網的基金績效及排名表

圖片來源：鉅亨網

第二步：了解自己的風險屬性

看懂晨星評等之後，如何接著選擇適合自己的基金商品呢？首先要評估自己適合的風險、期望獲得的報酬是多少。

依據風險和報酬高低，主要區分為 3 種投資人：積極型、穩健型、保守型，然後在晨星或理柏等網站中，選擇高評等的基金，並考量市場前景發展來做定期定額投資。

- 積極型或冒險型的你：可以考慮由單一市場、產業類型組成的基金商品。
- 穩健型的你：多重資產或股票入息型、平衡型基金適合你。
- 保守類型的你：可以選擇投資級別債券基金。

或者更簡單，可以利用「基金風險等級」來判斷基金類型，基金風險等級分為 RR1 ～ RR5，風險最低的為 RR1，風險最高的為 RR5，投資人可依照自身風險承受度來挑選。

了解自己的風險屬性之後，開始選擇想要投資的類型。人人應該都聽過「雞蛋不要放在同一個籃子裡」這句話，目的是為了分散風險。基金就是這樣的概念，一檔基金裡面會有很多不一樣的標的物，有漲有跌，透過經理人的資產配置把風險降低，達到超額報酬。

綜合以上，首先我們可以從晨星評等較高的基金來挑選，這些商品具有總回報、保本能力較佳的特質。此外，波動度（風險）、報酬率也可以作為投資時的依據，在允許承受的風險範圍，主動挑選報酬率較高的基金來做定期定額投資，也是另外一個不錯的選擇！

關於基金的類型和選擇，如同前面章節所說的：股票型是最推薦新手開始定期定額的種類，區域就從我們推崇的全球、美國跟亞洲地區（台灣）開始。以圖表 5-12 鉅亨網的分類頁面為例，我們可根據自己的需求，篩選適合自己的基金。

圖表 5-12 鉅亨網的基金分類頁面

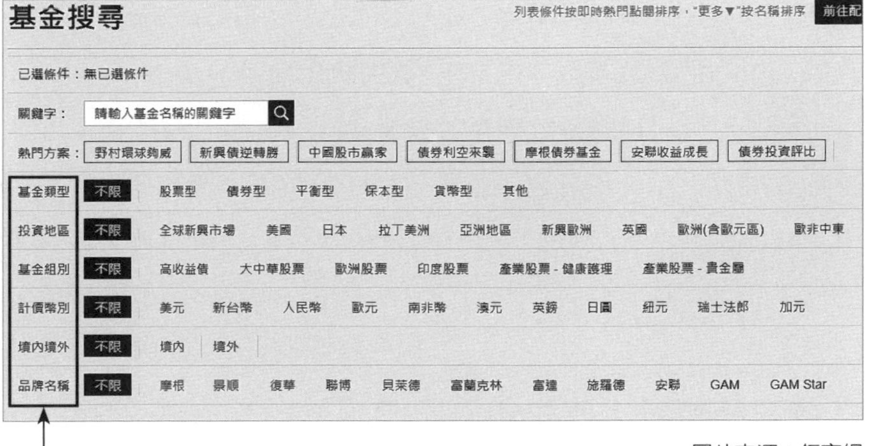

圖片來源：鉅亨網

5-6 科技類基金這樣挑，勝率才會高

我們在 5-3 節已經學習到，可以經由 10 大持股來看看基金經理人的喜好跟我們合不合，這一節要進一步教你辨識，以科技產業為主的這類型基金，主要差異在哪裡？

科技類股可以說是近幾年的投資顯學，尤其台股的電子股比重佔 6 成以上，美股更是靠著科技尖牙股領軍持續創高，但只要冠上科技或是 AI 名稱的基金，閉着眼睛買都能賺錢嗎？其實不盡然。

認識科技類股，要先知道硬體跟軟體差在哪？

過去我跑科技線，首先教大家認識硬體廠跟軟體廠的差別。先說硬體，白話來說就是設備，像是筆電、伺服器、手機等等，這類眼睛看得到、手摸得到的東西。

台灣是代工王國，過去以筆電代工為主的硬體廠，只能賺辛

苦的毛三到四。但隨著台積電在全球奠定晶圓代工一哥的地位，把毛利率提升到五成以上，開始讓硬體廠商有顯著獲利，也帶動半導體族群的營運和業績。但硬體廠商比較大的問題是有週期循環，營運會跟著景氣有明顯波動，所以投資的時間點顯得相對重要。

軟體就是提供服務，像是 Google 、Facebook、 Microsoft 和 Apple 等等。Apple 會被我們列在軟體公司，因為它本身並不製造手機，而是由代工廠做，同時該公司有 7 成獲利來自軟體服務收入，而不是靠賣手機。

2021 年 Apple 憑藉著軟體收入，毛利率高達 7 成，創 9 年新高（註）。因此軟體的優勢是細水長流，透過持續獲利的商業模

圖表 5-13 偏重投資硬體的科技基金

基金名稱	投資硬體比重	1年績效	3年績效
摩根新興科技基金	96%	47%	128%
野村高科技基金	94%	56%	171%
安聯台灣科技基金	91%	83%	255%
復華數位經濟基金	82%	36%	95%

資料來源：Morningstar，資料期間至 2021/10/31，績效以原幣計算。

註：根據蘋果公司2021年第二季數據（2021年1月至3月）財報，服務營收較去年同期上升26.6%至169億美元，且毛利率從65%上升至70%。

圖表 5-14 投資軟體為主的科技基金

基金名稱	投資軟體比重	1年績效	3年績效
貝萊德世界科技	73%	37%	175%
富蘭克林全球科技	80%	47%	171%
駿利亨德森環球科技創新	72%	9%	134%
百達數位科技	90%	17%	60%

資料來源：Morningstar，資料期間至 2021/10/31，績效以原幣計算。

圖表 5-15 不偏心任何一邊，軟硬體兼具的科技基金

基金名稱	硬體比重	軟體比重	1年績效	3年績效
安聯AI人工智慧	24%	45%	42%	177%
摩根美國科技	31%	52%	45%	180%
聯博國際科技	35%	46%	43%	156%
法巴科技創新	28%	43%	44%	131%
瀚亞美國高科技	51%	32%	41%	122%

資料來源：Morningstar，資料期間至 2021/10/31，績效以原幣計算。

式，只要能夠一直提供服務，有創新思維，就能不被市場淘汰，穩定一路向上。因此投資軟體為主的基金，表現會比較穩健。

資產配置看清楚，軟硬適合不同人

針對入門新手，我建議選擇以軟體投資比重為主的科技基金，主要是因為貼近生活且能有穩定獲利，若沒有遇到重大事件，淨值基本上穩穩向上。

而投資硬體比重高的科技基金，適合有投資經驗、對景氣有一定瞭解，並且觀察力敏銳的投資者。但若不想煩惱或是不確定該如何調整投資比重，軟硬體並重的科技基金也是不錯的選擇。

主播小提醒

科技來自人性也隨時環繞著我們，不只要從中找尋商機，真正重要的是，如何持續達到目標收益率！

第 6 章

我的基金操作 SOP——睡得安穩的投資術

6-1 定期定額獲利是活存利息的 375 倍

自小備受父母疼愛，沒有為錢煩惱過，每年的壓歲錢媽媽都會帶我去銀行存起來，小學時就擁有自己的銀行戶頭。爸媽的概念沒有錯，因為 20、30 年前，拜存款的高利率所賜，我們只需要把錢存放在銀行，它就會以 1 年至少 5%的速度成長。就連在睡覺，我們也能確實變有錢。

但時代已經不同了！在這個存款利率超低甚至趨近於零的時代，把錢放在銀行根本不會變多，如果把物價的膨脹加進來，甚至是變少。雖然說到要提高儲蓄率，選擇把錢放在銀行存起來，仍然是大部分人傳統的理財方式，認為相對安全、不會有風險，但事實上，這卻是一個非常危險的理財方式。

首先，因為存款利率實在太低，不適合長期投資；再者，貨幣還有一個隱形殺手「通貨膨脹」。以我印象極深刻的事舉例，小時候吃一支麥當勞的蛋捲冰淇淋只要 10 元，現在已經上漲到 18 元。同樣地，5 元的超商茶葉蛋已經成為過去美好回憶。因此錢放在銀行，你的錢會越變越薄，通貨膨脹可怕的地方在於一般人不易察覺，有點像溫水煮青蛙。

如果你平常的薪水只是放在銀行活存或是定存，以平均通膨率 3% 配合 72 法則（註）來計算，要經過 24 年購買力才會降低一半。聽起來沒有很可怕，但卻是在不知不覺中，侵蝕了你的購買力和存款。

銀行給的利率小於通貨膨脹的利率下，把錢放在銀行雖然沒有風險，但也越來越不值錢。**所以投資理財的目標只有一個，那就是「投資報酬率超越通貨膨脹率」！！**

資金存銀行 vs. 投資基金

接下來用兩個方案來說明，把同樣多的錢存在銀行，和以定期定額方式投資基金，兩者結果有何差異。

A 方案：錢存在銀行

假設每個月存 3,000 元在銀行裡，一年後有 36,000 元，可得到大約 36,000×0.04%＊=14.4（元）

存款利率查詢：台灣銀行新臺幣存（放）款牌告利率
＊ 0.04 是 2021/03/10 的銀行活存利率

註：72法則是以72除以投資標的年報酬率的數字，即可大概算出本金投資翻倍所需的年數。例如，投資年含息報酬率6%的標的，即以72除以6，計算出12，代表一筆錢投入年報酬率6%的標的，經過12年的時間，資產就會翻一倍。

B 方案：定期定額買基金

如果你將這 36,000 拿去存定期定額基金 1 年，我們用投資在年化報酬率 5% 的基金來計算，可獲得 1,800 元，多賺了 1,785 元，而且是活存的 125 倍（1800 ／ 14.4=125）。

如果放在年化報酬率 15% 的基金，根據以上的結論，那就會是 5,400 元，是活存利息的 375 倍！

我存下第一桶金的真實案例

我從 2017 年開始，每個月自動扣款 6 千元投入定期定額基金，2018 年後增加扣款金額，每個月扣款增加到 1.5 萬元，2017 年 5 月到 2019 年 6 月共 24 個月，陸陸續續共賺了大概 5 萬元。

之後 2019 年到 2020 年，我持續把賺到的錢投入基金，扣款的基金檔數也增加到五檔。關鍵在於，這筆收入是我不需要花任何力氣就賺得的，而且絕對比存在銀行裡高出很多！

換個角度想 50,000 元／ 24 個月 =2,083 元／月，等於是每個月為自己加薪 2 千元。以下是我在初入基金市場 2 年（2017 ～ 2019），定期定額投資基金的績效，供大家參考：

圖表 6-1　我在 2017 ～ 2019 年的操作績效

扣款基金名稱	扣款月數	報酬率
美國科技基金	24	25.0%
台股平衡型基金	15	20.8%
台股股票型基金	24	24.30%

2018 年之後我的操作為，開始增加扣款基金數量，隨著收入增加，以及實施「停利不停扣」。2020 年 3 月的股災低點時，我把積蓄投入，採用單筆買進大舉加碼，而在 2020 年 8 月，我的基金帳戶的總帳面市值，剛好是一桶金！

6-2「獲利微笑曲線」幫你攤平成本 & 風險

在投資路上，我看過不少人沉浮股海，股票被歸類為高風險，代表著高獲利同時伴隨高度刺激，一天可以賺 5 成，但隔天或許暴跌 3 成。因為有這樣的焦慮感，將大筆資金押在股市的人通常都難以入眠、睡不好，原因主要是資金壓力大，其次是擔心風險控管失衡。

為什麼說「定期定額」是睡得著的投資術，首先要認識圖表 6-2 的微笑曲線，這也是可以讓你獲利的重要微笑。

圖中每個單位的淨值是 20 元時，能買到 150 個單位數，一旦下跌，就能用更便宜的成本買進，當淨值腰斬到 10 元，就能買到 300 個單位數。隨著走勢從下坡路開始往上走，會形成微笑曲線，提高報酬率，增加獲利機會。

定期定額的最大優勢就是 「有紀律地攤平成本」 ，**微笑曲線就是攤平成本的概念，即進場不擇時，下跌不停扣**，嚴守紀律等市場回升，然後停利出場，繼續定期定額。

圖表 6-2　定期定額的微笑曲線

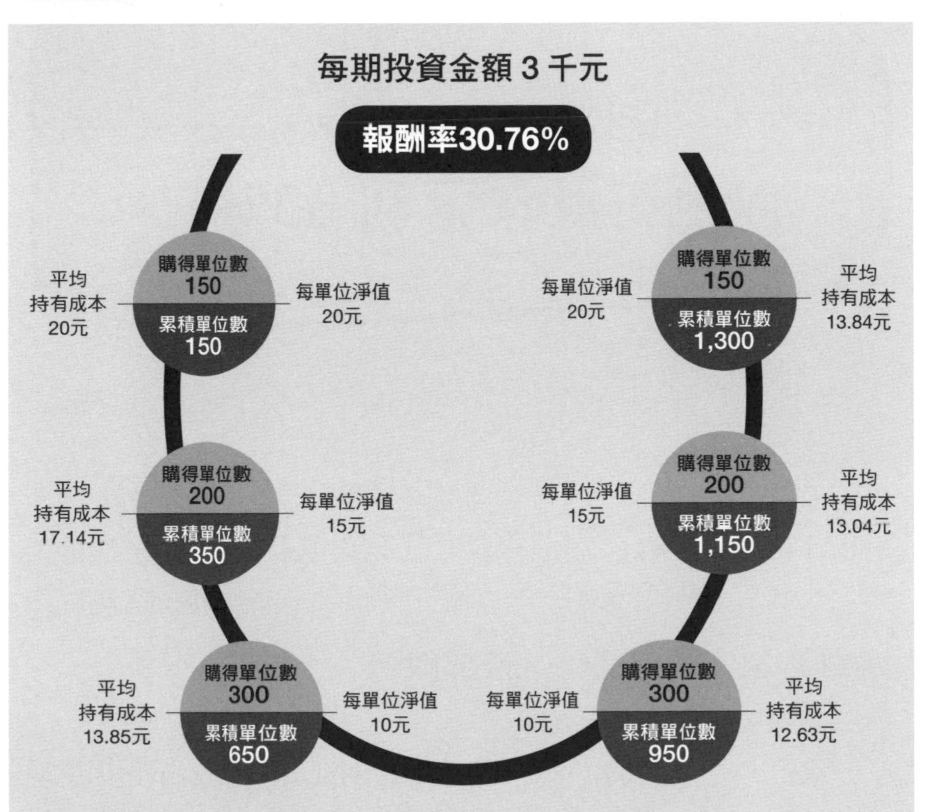

發現了嗎？假設我們從高點扣起，歷經景氣循環，加上台股跟美股牛長熊短的特性，可以看到微笑最低的地方比較短，而微笑的兩端就代表景氣復甦回升。

理論上，通常走完一個微笑曲線大約需要 3 年的時間，但從我開始用這套投資術以來，除了 2020 年初因為 covid-19 導致的全球股災之外，沒有遇過負的報酬率，一直都是微笑著！

6-3 照著 SOP 做，你也可以年獲利 30% ！

我們已經知道定期定額這個投資法讓我們可以睡得著覺，下一步我們要睡得更好，並且要讓自己作夢也會笑。

選對基金、堅持紀律、按部就班

首先，是我一再強調的，要堅持長期投資，無論市場上漲還是下跌，只要持續投入不停扣，長期下來成本壓低，當然就更容易從市場獲利。

第二，要選對市場跟標的，由圖表 6-3 可以看到股票型基金比債券基金更適合定期定額，而美國股市跟台灣股市是我推薦新手的入門款。從歷史經驗來看，台股殖利率水準約 3.34%，傲視主要國家，加上是我們熟悉的環境；美股是世界上最熱絡的金融市場，凡是你想得到的科技公司，都會選擇在美國上市。

圖表 6-3　2020 年各類基金報酬率

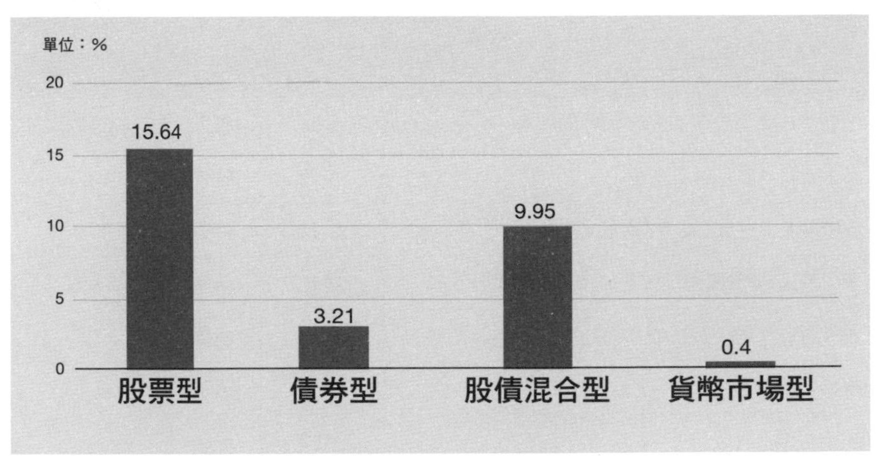

資料來源：Morningstar

而從台股市場來看，我們有傲視全球的台積電，半導體產業稱霸全球。在台股的成交量，電子股占比超過 6 成，美股則是科技含金量最高。站在對的產業浪頭上，投資過程必是長多短空，全球市場基金長線一定往上，很適合當新手的定期定額基金。

圖表 6-4 是 2020 年最強勢的十檔基金，第 1 名漲勢最兇猛的法巴能源轉型股票基金，搭上的是全球綠色新能源的環保意識。這檔基金投資主要佈局乾淨能源、能源科技、節能效率及材料領域，同時涉略電動車領域。

它雖然漲勢兇猛，但我們買基金習慣看過往業績，這檔基金過去投資的是傳統能源，如今才轉型，搭上氣候變遷的議題，而意外成了特快車。

但還是得要提醒大家，這是有點類似生技公司的「本夢比」

圖表 6-4 2020 年基金 Top10（2020/01/01 ～ 2020/12/31）

名稱	幣別	類型	報酬率（%）
法巴能源轉型股票基金C（歐元）	歐元	股票	164.65
摩根士丹利美國增長基金A	美元	股票	115.52
安聯AI人工智慧基金-AT累積類（美元）	美元	股票	100.48
摩根基金-JPM美國科技（美元）-A股（分派）	美元	股票	86.94
貝萊德世界科技基金A2美元	美元	股票	85.50
摩根太平洋科技基金	美元	股票	80.79
統一全球新科技基金	新台幣	股票	77.26
摩根士丹利美國優勢基金A	美元	股票	75.62
Pgim Jennison全球股票基會基金I級別美元累積型	美元	股票	75.61
摩根基金-JPM中國（美元）-A股（分派）	美元	股票	69.43

資料來源：Morningstar

概念，在寫此篇文章的當下（2021/5/1）， 這檔基金近 3 個月回檔 –21.28%。

但除了第 1 名的這檔能源基金之外，2 到 10 名通通都是我提到的美股、全球市場以及科技基金，就可以看出投資這幾檔標的有高勝率。

當我們選定目標基金之後，還有幾件事要堅持，才能睡得更香甜。首先謹記：不要跟風、不要投資自己不懂的東西。與其只追市場明牌，不如選一個趨勢成形的市場，賺起來會比較安心，風險也相對較小。

此外，還有我一再強調的，務必做到「停利不停扣」。賺到 10% ～ 15% 的報酬時，可以先停利出場，但千萬不要停扣，一旦停扣等於是停止累積你的聚寶盆！

以台股加權指數為例，投資超過 3 年的正報酬機率大於 88%，5 年以上正報酬機率大於 95%，甚至可以仿效股神巴菲特買進並長期持有，以 10 年當作目標，則正報酬機率將接近 100%。

6-4 定期定額必賺錢 3 大金招，必掌握兩大眉角

投資人只要把握以下 3 大金招，將擁有更高效率的定期定額投資成果，事半功倍，成功透過買基金幫自己加薪！

金招 1：堅持扣長期，至少維持兩年

隨時都能開始定期定額，但重點是堅持跟長期！根據過往經驗，正報酬機會可望達 6 成以上。

金招 2：停利不停扣，適時觀察報酬率

雖然是睡得著的投資術，不需要每天盯盤，但新手可以先設定報酬率 10% ～ 15%，先獲利了結、落袋為安。目前基金平台都可以設定停利通知機制，交給系統提醒就好，記得停利贖回，但千萬不要停扣。

金招 3：逢低再加碼，更快逆轉勝

當跌幅超過可承受範圍，不停扣且再加碼，就可以創造更大獲利，像是我在2020年3月低點加碼的基金，報酬率都超過5成，單筆加碼的債券基金，幾乎都買在歷史低點。

若是敢於在股市低點加碼扣的投資人，3 年報酬率將會超過 6 成，而且這套方法適用各類型的市場，只要能夠分散國家、區域及基金類型，效果一樣好。所以，投資基金若想要擁有不錯的報酬率，一定要掌握「持續買、不低贖、要加碼」，謹守 3 大成功要訣，才能夠讓獲利更為穩健。

定期定額除了 3 大金招，還有兩大眉角要掌握！

我們要先知道定期定額的設計，是透過「金字塔式」的買法，也就是用每個月扣款固定的金額，進一步實踐「跌越低買越多單位、漲越高買越少單位」。讓投資人不必在乎價格、也不必計較進場的時間點，更不用擔心錯過市場成長的機會，可以讓新手強迫儲蓄，進而慢慢享受獲利果實！

眉角1： 好好選標的，少走冤枉路

第 1 個眉角是選擇波動大的標的，像是後面章節我們會介紹的債券基金，因為波動不大，感受不到長期投資拉低平均價格的優勢，就不適合定期定額。我有遇過投資人，因為沒有好好研究

標的，儘管很認真落實定期定額，扣半天卻發現報酬率怎麼都只有個位數，那就是因為他扣到的是波動平穩且公債比例高的債券基金。並不是說債券基金不好，而是股票型基金較能衝刺，達到超額報酬率。

眉角2：備好銀彈庫，中途不斷炊

第 2 個眉角是量力而為，我看過很多投資人已經知道不要隨便停損，但卻敗在資金控管不當，而導致「停扣」。這小節開頭的第 1 個金招，已經提到要長期堅持至少兩年，因此，投資人的無論月扣 3 千或 1 萬，心裡都要有個底，自己的資金可以扣款至少兩年。

儘管上班族每個月有固定薪水入帳，也盡量避免極大化扣款，雖然本意是強迫儲蓄，提高投資本金，但難保意外發生，導致前功盡棄。

主播小提醒

紀律執行聽起來容易，要實踐卻得克服人性跟貪念，送給大家一句話「想要自由自在，得先自律自制」。

6-5 「母子基金法」幫你用錢滾錢

這一節裡要教大家絕世武功，不只選對基金賺錢，練穩功之後，我們還要盡量讓錢去滾錢。

通常提到的「母子基金」有以下兩種做法：第一種做法是先放一筆錢在一個母基金帳戶，做好足夠給子基金 1 到 2 年的扣款準備。

舉例來說，要扣一檔一個月 3 千元的子基金，2 年時間需要 7 萬 2 千元，那麼我們得在母基金帳戶放足 7 萬 2 千元。但這個方式不適合小資族，因為我們都是從少少的資金開始。

我採用的不敗「母子基金法」

所以我談論的母子基金法是**以「基金養基金」，也就是當扣款的子基金賺錢，報酬率達到 10%~15% 後，執行「停利不停扣」，把獲利的錢再放入母基金投資**，透過「單筆申購」、「長期淨值向上」及「走勢穩定」的母基金，繼續用基金養基金，把錢滾大。

股票型基金雖然能達到長期淨值向上，但要走勢穩定相對不容易，尤其碰到像 2020 年初受疫情衝擊的全球性股災，線圖會跟大怒神一樣直線下降。**所以我建議母基金選擇「全球平衡型基金」，可以當作資金的避風港。**

所謂的平衡型基金就是「股債平衡」的基金，是最可攻可守的基金。「全球平衡型基金」通常會以美國為主，但占比不會超過 5 成，同時會搭配其他成熟國家及少部分的新興國家，這些就是全球平衡基金的基本配置。另外，績效好的平衡型基金，債券部位一定是公債及投資級債。

母基金的功能是長線一路慢慢漲，不是積極追求短期暴漲，而「穩中求勝」的密技就在資產配置。因此債券部位如前述一定要是公債及投資級債，公債是唯一跟股票負相關的投資工具，市場崩跌時會保護股票。

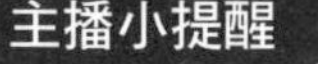

母基金選全球的佈局，目的是讓新手先避開重壓單一國家的風險。

股債比 6：4 最適合新手

股債配置的比重通常是 8：2 到 6：4 之間，新手建議選最安全的 6：4。因為若選擇 8：2，在市場重創時會比較看不到母基金的「穩」和保護效果，反倒容易讓自己恐慌。而債的比例越高，在全球市場崩跌時，越能看到避風港的效果。

至於一檔基金的股債比重，在前面的章節已經教過大家，從基金的身分證，也就是「基金月報」中都可以看得到。

圖表 6-5　我的投資比例

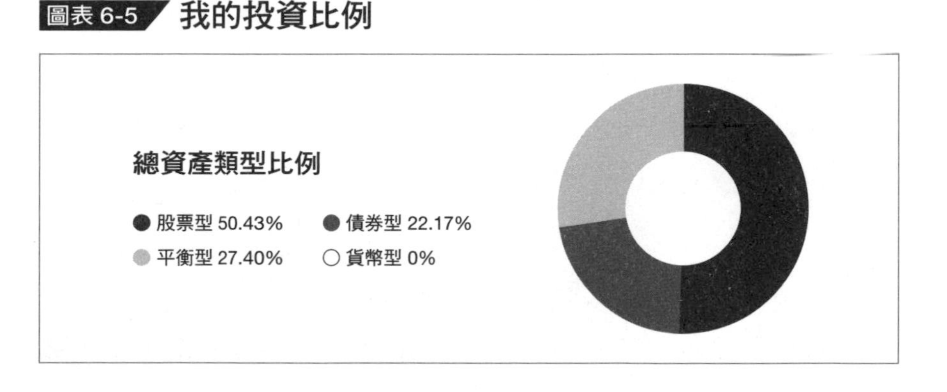

上圖是我自己的投資比例，因為我在 2020 年的低點有重壓單筆投資債券，所以目前的比例大約是 5 比 5。但我的目標是維持 6 成股票型，等著在低點加碼。

選定一支走勢穩定的母基金，再搭配定期定額一到三支走勢積極的子基金，所形成的資產配置組合，可以讓我們穩穩地累積財富。

至於應該先決定母基金還是子基金呢？我認為新手先從子基金開始，專心選定一支會讓你穩穩賺錢的股票型基金，當有停利時可以增加扣款第二支。慢慢有賺錢的感覺之後，再開始決定母基金，當然就是單筆單筆地投入，持續把錢放進去，一步步養大自己的聚寶盆。綜合上述，以下2點是母子基金的資產配置功能。

- **母基金會穩穩上漲，並作為股災時的子基金銀彈庫。**
- **子基金的定期定額，目的是要追求資本利得。**

在股災時，走勢穩定的母基金，可以保護跌得快的子基金；而平常時，母基金繼續穩穩往上走，子基金可以積極追求報酬率，搭配紀律停利將資金轉回母基金，持續養大整體資產。至於穩定的母基金，會有兩個特色：

- **成立時間至少 5 年以上，長線走勢一路向上。**
- **為股債配置的平衡型基金，債券是公債及投資級債，不是高收益債或新興債等風險債券。**

母子基金搭配的成功要素

母子基金要成功，兩檔都很關鍵，母基金長期淨值走勢要一路向上，即使碰到大跌，也有再創新高的能力。另一個關鍵是定期定額的子基金，淨值走勢要夠衝，因為母基金已經很穩定，子基金就要選擇波動大的。

因為子基金的功能是增加資本利得，走勢活潑波動大，代表在牛市該上漲時會漲，但碰到熊市該下跌時，也會跟著摔得鼻青臉腫。會跌才能發揮加倍扣款的優勢，搭配適時停利將獲利轉回母基金，持續養大母基金。

以下整理出 4 點，母子基金能成功搭配的要素：

1. 子基金首選淨值一路向上型，全球股、美股、科技股及台股這 4 類都適合。
2. 子基金停利點設 15% 回母基金，不要太貪心，且維持停利不停扣。
3. 母基金要夠穩，具備公債的平衡型最好。高收益債或新興債占比過高的平衡型，則不是首選，否則只是跟股票一起震。
4. 一定要堅持走過多頭和空頭，我的經驗是 3 年以上絕大多數都會賺錢，而且有 6%～ 8% 的年化報酬率。

接下來我示範母子基金如何搭配，母基金選擇走勢比較穩定的全球平衡型基金；子基金選擇走勢積極的美國科技基金。從過去 1 年（2020 年）的報酬率來看，母基金賺了 10%，穩中求勝；子基金漲跌都很劇烈，1 年大漲 87%。母基金的走勢穩定，長期一路向上，適合單筆申購；子基金走勢積極、波動大，漲跌都很大，適合定期定額。

主播小提醒

大多數的有錢人除了會賺錢之外，更厲害的是會存錢，而且進一步聰明消費達到省錢，最終進化成錢滾錢！

第 7 章

我用「股債平衡」享受現金流，提早財務自由

7-1 第一步：認識和挑選債券基金

從前面的絕世武功「定期定額」搭配「母子基金法」，我們已經學到用錢滾錢的方法。錢滾錢之後，進一步可以透過「股債平衡」的資產配置，讓基金慢慢產生現金流，最終目的是達到財務自由！

資產配置是投資很重要的一環，所以這個章節要先教大家怎麼認識和挑選債券基金。

什麼是配息基金？

首先提醒大家，**配息基金要看「配息率」和「含息總報酬」，目的是要領配息，不是賺資本利得**。所以它的績效肯定比不上高成長率的股票型基金，但還是要注意，「淨值向上」的標準是一樣的。

如果當中有很大部分來自高收益債，淨值波動會很大，非常

可能產生 「不含息報酬率是負的，含息報酬率是正的」。至於配息基金的進場時機，當然最好是可以買在相對低點。

這陷入投資的一種詭譎思考，比方說很多投資人常問：「現在會不會是高檔、適合進場嗎？」 如果我們能夠預先知道高點和低點，就不用這麼辛苦地找賺錢方法，早就是世界首富吧（笑）。所以只能告訴你，能在相對低點買進是非常幸運的。

另外要提醒的是，**配息基金的做法不適用「定期定額」，因為我們的目的是領息**，所以建議是單筆從母基金得到一筆大金額，至少有 10 萬元，再單筆買進配息型債券基金。但原本持有的母子基金法也不要停扣，只要持續、有紀律地做下去，累積財富一點也不難！

10 萬元這個數目，離 3 千元開始的定期金額小資族好像很遙遠，但千萬不要認為自己做不到，我自己就是從小資族的 3 千元開始！我目前的月配金額，已經夠讓我多扣款一檔基金，雖然不多，但那是多出來的錢。同時我的定期定額搭配母子基金法，持續錢滾錢不斷累積。

配息基金主要以債券基金為主，而我們先了解債券的收益主要來自「借錢收利息」，也就是只要借錢的對象沒倒、沒人間蒸發，每期一定收得到利息，到期之後就能收回本金。如果選擇投資級債券，是借錢給信用比「非投資級債券」（即高收益債券，俗稱垃圾債券）更好的政府或公司，倒帳的機率相對較低，還本和賺錢的機率也會較高。

適合配息基金的族群

在基金圈打滾幾年下來，意外發現有些人就是配息控，只喜歡買配息基金，目的就是喜歡享受現金流的感覺。說到了現金流，以下分析配息基金適合的族群，但這沒有絕對，我常講：「投資工具沒有最好的，只有最適合自己的！」

● 適合族群一：保守型投資人（風險 RR1、RR2）

因為配息基金波動不高，所以適合禁不起 –20% 報酬率，害怕血本無歸的投資人。

● 適合族群二：存養老金的人（不希望沒有老本）

對於這類族群，我建議在購買債券基金的時候不要選配息的，要選累積單位數的。可以透過分配單位數的方式，穩穩增加自己的資產。

● 適合族群三：退休族（想要每個月有現金流）

退休族適合配息基金的原因，是可以用單筆退休金申購，如此月配的金額會相對有感。儘管每個月沒有工作收入，還是可以靠配息金額支付生活支出。

至於債券基金該怎麼挑選呢？

第一，區域方面偏好全球市場，能夠把風險降低。

第二，挑選老字號的基金發行公司。

這就要談到一個觀念：為什麼債券基金跟股票型基金選擇方式有差異呢？主要是因為股票基金我們是用是定期定額的方式，若發現報酬率不如預期，可以隨時停損換車，追求更高報酬率的標的。

但我們買債券基金的目的，是要長期放著領配息，且用單筆申購，投入金額也相對高，因此風險更大，所以要看更長期的績效成為我們選擇的依據！

除了選擇老字號基金公司發行的基金，也要關注基金規模要越大越好、發行時間有 10 年以上，代表這檔基金能歷經多空。尤其走過幾次大空頭、無數小空頭，還能屹立不搖、穩定配息的公司，必然是檔好標的。

7-2 挑選配息基金時，你必須知道的眉角

上一節我們已經說明過什麼是配息基金，這一節我們要進一步說明，該怎麼篩選？挑選的重點有哪些，又會有哪些迷思？

配息基金的 2 大篩選方法

1. 看晨星級別

關於配息基金，用我們之前教的「晨星級別」篩選適不適用？當然也可以，雖然挑選債券基金的條件，不像股票型基金那樣嚴格，但還是得有一定標準：

- ➢ 晨星評級 3 顆星以上。
- ➢ 搭配觀察 3 年總報酬率。
- ➢ 排名位於同類型基金的前 1/4。

2. 看夏普值和穩定度

如果有多檔基金符合上述條件，這邊還要教大家一招！用兩個量化標準，分別是「基金界的 CP 值」和「基金的穩定度標準差」來挑選。

首先認識「夏普值」，堪稱是基金界測量 CP 值的好幫手。消費者一定都喜歡追求高 CP 值的商品，而夏普值是用來衡量在基金投資組合中，相較於無風險投資（例：美國公債），每多承受一單位的風險，可望產生多少的超額報酬。

用白話文來說，夏普值是代表每單位風險所獲得的報酬。所以**夏普值越高，代表基金在相同風險下的報酬率越好。**

我們領配息的目的就是希望「穩定」，所以除了看夏普值，還要參考基金的穩定度「標準差」。標準差與報酬率一樣是使用百分比，代表的是基金績效表現波動的幅度。

標準差越大，表示基金的「報酬率」相對於「平均報酬率」的波動越大，風險也就比較大。反之，標準差越小，表示基金的「報酬率」相對於「平均報酬率」的波動越小，對投資人來說是比較穩定的基金，風險也就相對較小。

所以，挑選債券基金的準則是：「夏普值高、標準差低」，這樣絕對不會錯！最後，再留意計價貨幣要以強勢貨幣（通常是美元）為主。

開始挑選配息基金前，我們要先了解，基本上配息基金分為兩種。

1. 直接拿到錢：每個月都有錢入帳的類型（穩定月配）

顧名思義就是每個月都會配現金到你的帳戶。但要注意有些會寫「穩定月配」，但它真的穩定嗎？稍後會教你怎麼挑選。

2. 錢放越久可以拿到越多單位數的類型（累積級別）

單位數是怎麼分配的呢？把單位數想成蘋果，一樣花 10 元，本來可以買到 2 顆蘋果，但我買進累積級別的基金，配息時間到，一次會多分配 1/4 顆蘋果給我。當配息過 4 次之後，我就會多了 1 顆蘋果。因此，我同樣花了 10 元，就從本來有 2 顆蘋果變 3 顆蘋果，降低我持有 1 顆蘋果的成本。

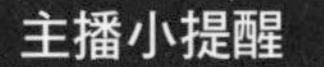

配息型與累積型基金的差異在於：配息型是讓基金的收益，跑回到投資人口袋內；累積型則將投資報酬繼續留在基金資產中，參與未來市場的上漲或下跌。

配息基金的挑選重點

經過篩選後，無論要挑哪種配息基金，都要謹記以下的重點，才能避免買到不適合自己的配息基金：

1. 淨值持續5年以上創新高

從歷史資料觀察，若基金淨值一路走高，並且不斷創新高，這代表過去買到這檔基金的投資人都是賺錢的。至少 5 年是基本門檻，代表走過了市場一輪多空循環，但我個人認為如果能看 10 年更好，更能看出該檔基金經歷多次多空循環考驗，儘管市場修正過，還是有能力賺錢，讓淨值持續創高，長期來看依舊維持卓越績效！

另一個思考的角度是，我們投資配息基金需求多數是領息，投資人買進之後，目的是想要長期持有領息。所謂的長期至少要 5 年以上，也因此我把 5 年的淨值走勢，視為一個基本的標準！

2. 觀察累積級別比配息級別重要

值得注意的是，儘管你要申購的是配息級別，但觀察配息基金的整體賺錢能力時，反而該先看這檔配息基金的累積級別。因為只有累積級別是把配息跟資本利得都計算在淨值裡，淨值才能完整反映「配息」及「資本利得」合計的「總報酬」。但配息級別的淨值就不會包括配息，畢竟錢都配給你了，也就不會再留在淨值裡。

挑選配息基金該避開的迷思

1. 配息率越高越好？

在挑基金的時候，很多人都會有這些疑問：是不是挑配息率越高的就越好？配息率不是愈高愈好嗎？

因為高配息率來自高報酬，而高報酬帶來高風險，因此「配息愈高、波動一定愈大」。高配息率帶來的副作用，是淨值的高波動以及配息的不穩定，如果無法承受這樣的副作用，則基金的配息率縱使再高，也不是適合你打造退休現金流的標的。

圖表 7-1 年化配息率的算法

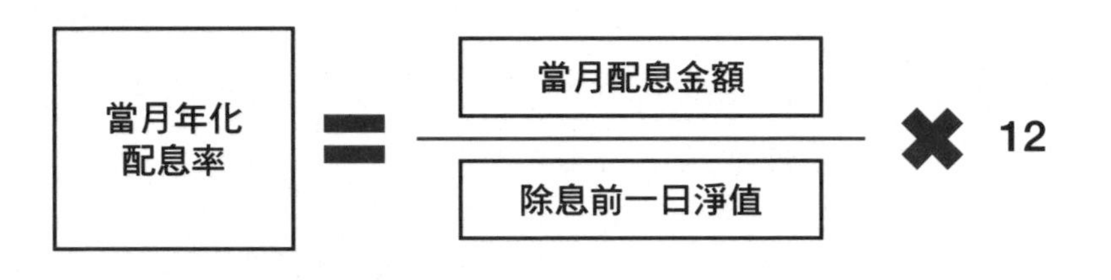

我們已經知道報酬率不是越高越好了，我個人經驗是要設定好一個「合理的年化報酬率」， 例如 5% 或 6%。你一定曾經聽過配息率動輒超過 10% 的南非幣基金。這裡要提醒大家，未來無論任何人跟你分享南非幣，聽到這 3 個字就要超級小心，畢竟高報酬背後伴隨就是高風險！

當我們開始買基金之後，選計價的幣別很重要，通常會建議大家要選「原幣」，那為什麼選擇南非幣計價的配息基金配息率會比較高呢？

因為南非幣定存兌美元定存的高額利差，會比同一檔美元計價的配息基金 1 年多領 4% ～ 5% 的配息。但如果基金投資人想領取新台幣配息，必須以新台幣申購，而新台幣資金在申購當下會被換成南非幣，投入南非幣計價的配息基金，立刻產生帳面上的匯損。講白了，雖然可比同一檔美金計價的配息基金 1 年多領

4% ～ 5% 的配息，但承受的可能是 5% 以上的匯率波動。

按照彭博截至 2020/7/13 的資料，目前美銀美林新興主權債券的殖利率約在 4.3 %，美國高收益債券則約在 6.8% 附近，這意味著投資人如果按照現在的價格水準進場，並一直持有至到期，新興市場政府債券每年的投報率大概在 4.3%，而美國高收益債券則在 6.8% 上下。

再把時間拉長一點，過去 5 年新興市場政府債券平均殖利率約 4.7%，美國高收益債券平均為 6.9%。這代表，超過上述水準的配息來源，要靠債券價格的上漲才能取得，但這部份是充滿變數的。

因此，建議年化配息率設定在 6% 左右即可，且為求單純，最好選強勢貨幣計價的產品，例如美元計價基金。另外，不必追求一些超高配息率的產品（南非幣 、澳幣等），以免即使拿足利息，但長線下來本金越來越少！

主播小提醒

配息金額取決於經理公司，基金配息率不代表基金報酬率，且過去配息率不代表未來配息率，基金淨值可能因市場因素上下波動。

2.「配息率」是配息基金的關鍵？

決定了年化報酬率之後，我們要進一步檢視它過去的報酬率表現，這裡要記住一個簡單的原則，就是**過去 3 年的總報酬（含息報酬率）不為負值。**

以債券基金為例，報酬率的穩定度非常重要。但過去幾年債市走勢震盪，很多基金報酬率並不理想，負報酬的基金不在少數。如果能在這種充滿挑戰的市場裡，依然繳出正報酬的成績，意味著背後的管理團隊有因應市場變數的能力。

「總報酬」才是配息基金的關鍵，而不是「配息率」。因為總報酬代表基金淨值加回你領走的配息，所計算出的報酬率。舉例來說，如果你挑了兩檔配息率都是 7% 的基金，但過去 2 年的年化報酬率 A 基金為 6%，B 基金為 -2%，那麼誰強誰弱顯而易見！以下面這檔我持有的基金為例，無論是交易含息或不含息皆為正，就是一檔可以持續抱著的配息基金。

圖表 7-2 總報酬才是配息基金的關鍵

019002安聯收益成長基金-AM穩定月收類股（美元）
本基金有相當比重投資於非投資等級之高風險債券且配息來源可能為本金

淨值日期 參考淨值	平均申購淨值 參考匯率	庫存單位數 可贖回單位數	交易幣別 計價幣別	投資本金 台幣本金	參考市值 累計配息金額	參考損益	交易報酬率含息% 交易報酬率不含息%
2021-05-19 USD 9.7400	8.3700 27.8775	411.276 411.276	台幣TWD 美金USD	$100,399 $100,399	$111,673 $6,880	$11,274	18.08% 11.23%

皆為正

圖片來源：基富通

3. 不用在意配息穩定度？

進一步要檢視它的配息穩定度。所謂的「穩定度」，就是我們希望每個月配息的金額差別不要太多，因為這直接關係到投資人現金流的穩定性。舉例來說，應該沒有人想要這個月拿 1 萬元配息，下個月卻只拿到 3 千元的配息，所以查詢基金的歷史配息記錄作參考，就很重要囉！

用以下這檔基金的配息記錄來做示範，就能一目瞭然。只要看看「配息記錄」裡面「除息日」發生的頻率，就知道基金是年配、季配、半年配或月配（甚至還有週配、日配型基金）。而除

圖表 7-3　由除息日看出該檔基金為月配息

安聯收益成長基金-AM穩定月收類股(美元)(本基金有相當比重投資於非投資等級之高風險債券且配息來源可能為本金)
Allianz Income and Growth AM USD

立即申購　加購物車　收藏

10.5300 USD　漲跌 / 漲跌幅% ▲ 0.1000 / 0.96%　淨值日期 2021-11-04　人氣 1815278

晨星評等：★★★★★

基金總覽｜基金資料｜淨值走勢｜績效表現｜資產配置｜風險評等｜配息紀錄

配息紀錄

除息日	每單位分配金額	幣別	年化配息率(%)
2021-10-15	0.0600	USD	7.0588
2021-09-15	0.0600	USD	6.9767
2021-08-16	0.0600	USD	7.0175
2021-07-15	0.0600	USD	6.9699
2021-06-15	0.0600	USD	7.0866

圖片來源：基富通

息日的意思是，只要在除息日以前持有此基金，就可以領到利息。

以下用 2 個步驟帶大家計算一下，你想投資的基金大約可以拿到多少利息（請見下頁的理財小教室）。

圖表 7-3 舉例的「安聯收益成長基金-AM 穩定月收類股（美元）」是每個月配息 1 次的月配息基金，除息日是每月的 15 號，如果 15 號遇到國定假日，就會順延到下 1 個工作日。

要提醒的一點是，以圖表 7-4 為例，同樣是安聯收益成長基金，不同的是它以南非幣計價，從 2020/06 至 2021/02，每個月

圖表 7-4　以「南非幣」計價的安聯收益成長基金為例

安聯收益成長基金-AM穩定月收類股(南非幣避險)（**本基金有相當比重投資於非投資等級之高風險債券且配息來源可能為本金**）
Allianz Income and Growth AM H2 ZAR

立即申購　加購物車　收藏

129.8900 ZAR

漲跌 / 漲跌幅%：▲ 0.7000 / 0.54%
淨值日期：2021-03-09
人氣：806069

晨星評等：★★★★★

基金總覽　基金資料　淨值走勢　績效表現　資產配置　風險評等　配息紀錄

配息紀錄

除息日	每單位分配金額	幣別	年化配息率(%)
2021-02-16	1.1840	ZAR	10.3898
2021-01-15	1.1840	ZAR	10.6651
2020-12-15	1.1840	ZAR	11.0216
2020-11-16	1.1840	ZAR	11.5138
2020-10-15	1.1840	ZAR	11.4442
2020-09-15	1.4000	ZAR	13.9953
2020-08-17	1.4000	ZAR	14.0245

圖片來源：基富通

理財小教室

基金配息計算法

假設今天用台幣 10 萬元投資上述的安聯收益成長型基金（美金計價、月配），一起算算看可以領到多少利息：

步驟 1：先計算持有幾單位基金

以美金匯率 28:1 計算，假設（2021/3/10）每單位淨值為 9.88 美金：

先把台幣換算成美金 100,000 ／ 28=3571.43 美金

再算等於幾單位基金 3571.43 ／ 9.88=361.48 單位

答：可以拿到 361.48 單位的基金

步驟 2：計算每月可領多少利息

持有單位 × 每單位配息金額，為 0.06 美金

361.48×0.06=21.68 美金（約台幣 607 元）

月配息率 = 607/100,000= 0.00607（0.607%）

年配息率 = 0.00607×12 個月 = 0.07284（約 7.28%）

答：若我們投入台幣 10 萬元買此檔基金，每個月約可拿到台幣 607 元的利息。一年下來的配息就有 7,284 元，到第 14 年，總共領到的配息是 101,976 元，也就是已經超越本金，之後領到的都是多賺的！我們要做的事就是把錢放在那持續滾息。

的「每單位分配金額」都不太一樣（1.1840、1.4000、1.5250）。

因此，至少要看基金近 2 年的配息金額與年化配息率變化，如果配息狀況波動太大，基於對現金流的合理預期，也就只能忍痛割捨了。

最後，我們用以下這張流程圖，來複習挑選配息基金的 3 個注意事項。

圖表 7-5 **挑選配息基金的注意事項**

1	2	3
設定配息率 設定「合理的」年化配息率	**比較總報酬** 建議找近3年總報酬（含息報酬率）不為負值者	**留意穩定度** 觀察過去配息穩定度

主播小提醒

1、每單位分配金額是會變動的喔！

2、新興市場當地貨幣計價債券的配息波動會較大，這反映了產品特性（較複雜的匯率因素）。此外，由於全球景氣欠佳，各國普遍處於降息的環境裡。因此基金配息率的緩步走低也是正常現象，可千萬別因此誤會基金管理團隊的操作成績不佳！

怎麼判斷基金有沒有配息？

判斷是不是配息基金有 3 種方法，分別是：看基金的名稱、看基金的基本資料（費用說明）、看基金的配息記錄，以下分項說明。

1. 看基金的名稱

這個是最直接、最一目瞭然的做法，如果是有配息的基金，通常名稱後面都會寫著「本基金之配息來源可能為本金」或「月收類」，如圖表 7-6。

圖表 7-6　寫有「配息來源可能為本金 」

圖片來源：基富通

以圖表 7-7 最新的這檔貝萊德入息基金來說，不只名稱上有「入息」，後面還寫有「穩定配息」，表示這檔是有配息的基金。

圖表 7-7 寫有「入息」及「穩定配息」

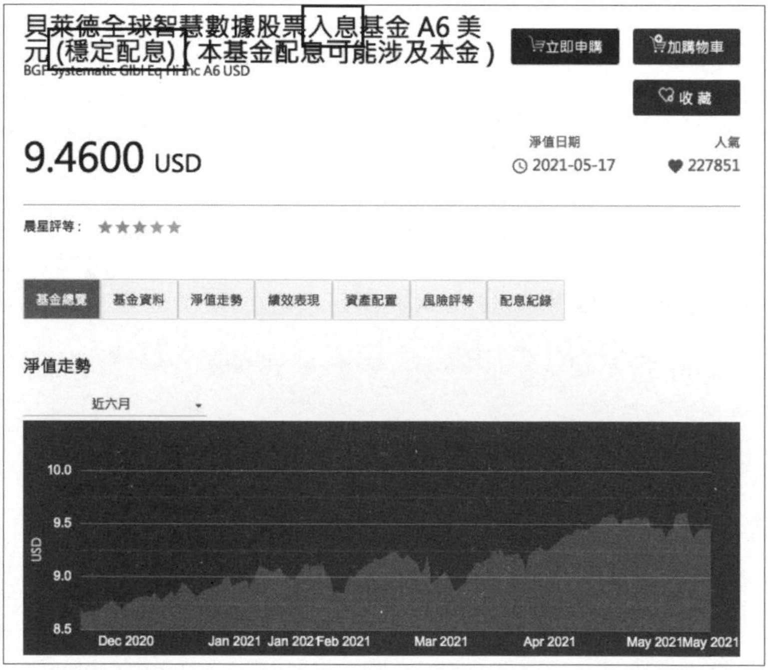

圖片來源：基富通

2. 看基金的基本資料（費用說明）

基金的基本資料就是它的身分證，點進基本資料的費用說明，查看「收益分配方式」，就可以看到這檔基金有無配息，如圖表 7-8 中，有配息會寫「分配」、不配息會寫「不分配」。每個網站標註的方式可能不太一樣，但概念都是相同的。

圖表 7-8　寫有「分配」的費用說明表

代銷&費用說明

原始可發行規模(百萬)	--
基金規模-(2020/11)	116.26(百萬USD)
保管機構	摩根大通銀行盧森堡
基金保管費率	0.14%
基金管理費率(最高)	1.00%
收益分配方式	分配
申購手續費	3.00%

圖片來源：基富通

3. 看基金的配息記錄

有配息的基金，配息記錄會記載「每單位分配金額」和「年化配息率」，如圖表 7-9；不配息的基金會呈現如圖 7-10，寫著「無配息資料」。

圖表 7-9　有配息記錄的基金

配息紀錄

除息日	每單位分配金額	幣別	年化配息率(%)
2021-10-29	0.0550	USD	6.8965
2021-09-30	0.0550	USD	6.9841
2021-08-31	0.0550	USD	6.7141
2021-07-30	0.0510	USD	6.3157
2021-06-30	0.0510	USD	6.3816
2021-05-31	0.0510	USD	6.3683
2021-04-30	0.0510	USD	6.4083
2021-03-31	0.0510	USD	6.6090
2021-02-26	0.0510	USD	6.6521

圖片來源：基富通

圖表 7-10 無配息記錄的基金

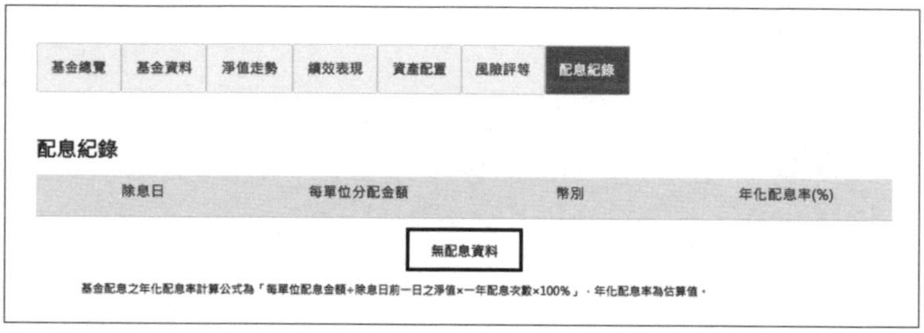

基金總覽 | 基金資料 | 淨值走勢 | 績效表現 | 資產配置 | 風險評等 | 配息紀錄

配息紀錄

除息日	每單位分配金額	幣別	年化配息率(%)

無配息資料

基金配息之年化配息率計算公式為「每單位配息金額÷除息日前一日之淨值×一年配息次數×100%」，年化配息率為估算值。

圖片來源：基富通

7-4 配息基金的利息從哪來？

第一次聽到月配息基金時，身為新聞人會先思考消息來源是否為真，接著再以金融角度思考：「這麼穩定配息的投資商品，每個人應該都要投資才對！」

但就如同有句話說：「命運中免費的餽贈，都暗中標好了價碼。」意思就是天下沒有白吃的午餐、羊毛出在羊身上。再進一步了解月配息基金的利息從哪裡來之前，我們先認識一下各類型的配息基金。

配息來源有 2 大部分

雖然絕大部分的配息基金都是債券基金，但其實也有部分是股票型基金。股票型基金的配息就想成買股票一樣，大部分公司都會配發股息，也就是公司有賺錢要分紅給股東的概念，所以我們領到的息，就是公司賺的錢分配給投資人的收益。那麼配息基金的大宗，也就是債券基金的息，是從哪來呢？

我們先來認識債券，**債券的普遍意義是：政府或公司向民眾借錢，並約定期限內還款，在這個約定的期限內支付一定利息**。而給民眾的這個利息，用基金公司的術語來說，就是所謂的「債息」。

由下圖可看出基金的配息來源，主要分 2 部分：

● 第一部分：**可分配淨利益**

包含股息或債息，如果是股票型基金會有「股息」，債券型基金則會有「債息」，若是平衡型基金（包含股票跟債券），則兩者都有。

● 第二部分：**主管機關及基金公司所認定的「本金」**

不只包含投資者投資的初始金額，還包含股票或債券的資本利得，及前期未分配收益。因此當你看到「配息來源為本金」，不一定就代表全是用投資者原始投資的金額來配息。

圖表 7-11 **基金配息來源**

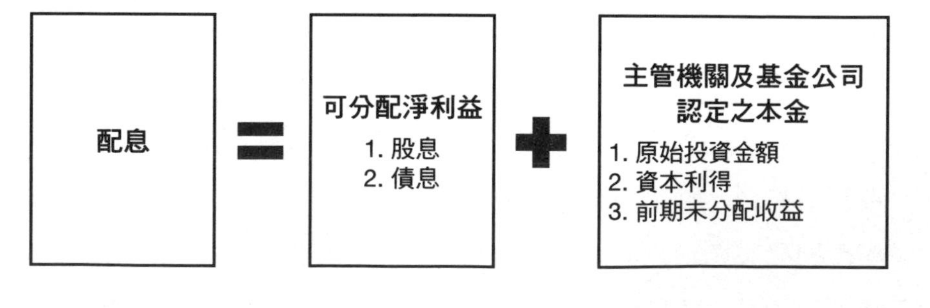

換句話說，如果是第二部分，就是把你投進去的錢，拿一部分回你自己手上，也就是基金名稱提醒你的「本檔基金配息可能來自本金」。

配息的神奇之處在於，他給了你現金流，這是什麼意思呢？另外，配息之後我的資產會減少嗎？答案是不會！基金配息是把部分資產從基金中分離出來，發還給投資人，因此配息時會將每單位的配息金額，直接從淨值中扣除。

所以**配息與否，影響的主要是投資人的現金流，而不是報酬率。**就像我們買了一塊蛋糕，切出一片放在盤中，我們擁有的還是一整塊蛋糕，只是放在不同的地方。

更進一步舉例來說，如果一檔季配息的基金淨值為 100 元，配息時，每單位配發 5 元回到投資人的帳戶中，此時配息金額應從基金淨值中扣除，變為 95 元（=100 – 5），而投資人的銀行帳戶則會獲得 5 元現金，資產總和是不變的，都是 100 元。

經由這一節的說明，我們可以了解到，基金的「配息率」並不代表「報酬率」。「報酬率」是基金資產的變化幅度；而「配息率」則只是基金資產發回給投資人的比例。

7-5 關於本金，基金公司和你想的不一樣

從上一節已經知道，基金配息是資產發給我們的比例，但仔細觀察每檔配息基金，幾乎都會提醒「基金配息來源可能為本金」。一般我們聽到「本金」，都會下意識當作「投資本金」（就是我們口袋裡的錢，最開始投入的金額）。

因此在這節，我要再次釐清這個觀念——你所想的本金，跟基金公司對本金定義不一樣喔！

由圖表 7-12 可以看出，本金的組成有 3 部分：原始投資金額、資本利得、前期未分配收益。這些名詞是不是看不太懂啊？別擔心，用白話文說明給你聽。首先，我們要先知道這個公式：

本金＝原始投資金額＋資本利得＋前期未分配收益

也就是說，基金名稱上「配息來源可能來自本金」這段話，其中提到的「本金」，可能是「資本利得」或「前期未分配收益」，不一定全都是我們原本以為的「投資本金」。簡單來說，如果配

息是來自「資本利得」或「前期未分配收益」這兩項，那投資人就不用擔心了。

圖表 7-12 本金的組成 3 部分

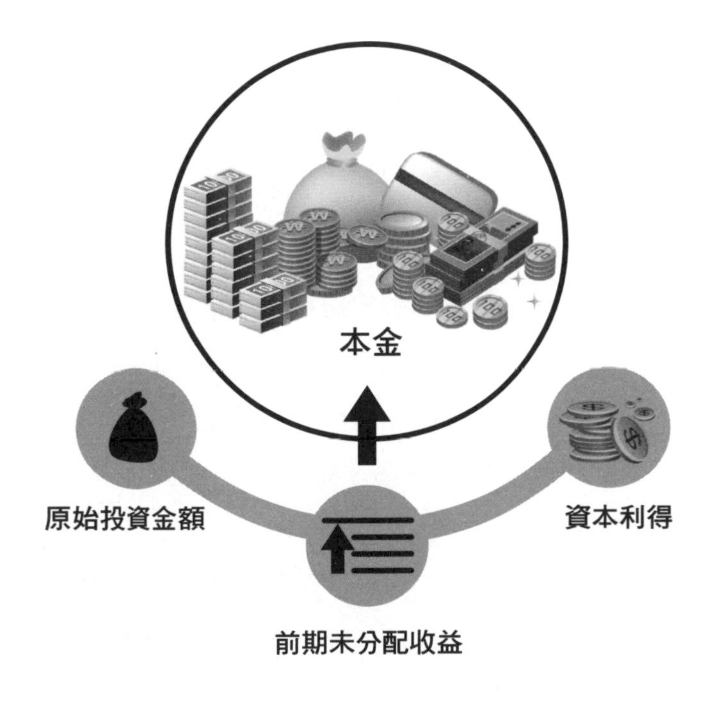

7-6 教你看配息是不是來自本金

這一節一樣是教大家仔細去看每檔基金的資料，看看基金的配息是不是來自本金，抽絲剝繭後，一定會有我們要的答案。

無論是基富通或是鉅亨網，在你選定的配息基金當中，都會有欄位清楚寫明「配息來自本金」的比例。以圖表 7-13 為例，是在最右邊的欄位。

除了可以這樣查詢之外，如同我們在前幾章分享的，許多秘密就藏在基金月報裡，因此我們還能由月報看到兩個關鍵名詞：「年化配息率」和「到期殖利率」。

「年化配息率」，用淺白的話講，就是你每投入 100 元，1 年可以拿到的配息金額。「到期殖利率」是指考慮債券買入價格、未來可領取的利息、持有到期後拿回本金，而推算出的年化報酬率。

圖表 7-13　查詢配息是不是來自本金

歷史淨值 | **歷史配息**

基準日	淨值	配息金額	配息率	配息來自本金
2020/12/21	82.6500	0.3600	5.23%	--
2020/11/16	82.2900	0.3600	5.25%	62.00%
2020/10/19	81.8100	0.3600	5.28%	21.00%
2020/09/14	81.8900	0.3600	5.28%	79.00%
2020/08/17	81.9400	0.3600	5.27%	67.00%
2020/07/13	90.8000	0.3600	5.35%	87.00%
2020/06/15	80.4700	0.3600	5.37%	77.00%
2020/05/18	78.5200	0.3600	5.50%	36.00%

資料來源：鉅亨網

配息是有順序的！

基金公司（或稱投信）會優先將「利息收入」配發給我們；利息收入不夠配發時，才會從「資本利得」、「前期未分配收益」配息；以上都不夠配發時，才會從「投資本金」配息。請記得以下這兩句口訣，可以幫助你更看得懂基金月報。

- **到期殖利率＞年化配息率**

  代表利息收入來自債券收益，沒有本金。

- **年化配息率＞到期殖利率**

  代表你的配息部分來自本金。

以圖表 7-14 為例，這檔高收益債債券基金的到期殖利率是 5.83%，但如圖表 7-15，它的年化配息率（以 2021/01 的美元月配為例）是 6.75%，所以很明顯有部分配息來自本金；而配息狀況在基金名稱上也會寫出來，讓投資人看到。

圖表 7-14 由基金的基本資料看到期殖利率

基本資料 RR3

資料來源：野村資產管理英國有限公司,Lipper

成立日期	2019/04/25
主要銷售股別	T 美元類股
註冊地	愛爾蘭
銷售計價幣別	美元，澳幣
基金經理人	David Crall
基金級別	累積型（不配息）／月配息
基金規模	0.31億美元
每年經理費	1.70%
平均到期殖利率	5.83%
調整後存續期間（年）	4.99
*投資組合平均信用評等	B/B+

資料來源：基金月報

圖表 7-15 由名稱及配息資料表看配息狀況

（本基金主要係投資於非投資等級之高風險債券且配息來源可能為本金）
Nomura Funds Ireland-Global Hign Yield Bond Fund

配息資料＊＊

TD美元月配

配息期間	每單位配息金額	當月配息率（%）	當月報酬率（含息）（%）	年化配息率（%）
2020/08	0.532000	0.54	2.08	6.52
2020/09	0.532000	0.55	-1.33	6.64
2020/10	0.532000	0.55	0.98	6.61
2020/11	0.532000	0.52	6.10	6.27
2020/12	0.532000	0.51	2.81	6.13
2021/01	0.585000	0.56	0.40	6.75

資料來源：基金月報

以下我再舉一檔，這是一般比較推薦的投資級債券基金，因為它不買垃圾債，也就是高收益債，但相對的配息率就比較少。我們用上述的方法檢查後發現，這個投資級債券一樣，它的到期殖利率是 2.08%，年化配息率（以 2021/01 的美元月配為例）是 3.44%，同樣配息有部分來自本金。

圖表 7-16 配息有部分來自本金

基本資料 RR2　資料來源：NN投資夥伴,Lipper

成立日期	2011/05/02
主要銷售股別	X 股 美元累積
註冊地	盧森堡
銷售計價幣別	美元，澳幣，南非幣
基金經理人	Anil Katarya and Travis King
基金級別	累積型（不配息）／月配息
基金規模	39.77億美元
每年經理費	1.00%
到期殖利率*	2.08%
平均存續期間／調整後存續期間（年）	8.55
*投資組合平均信用評等	A-

（本基之配息來源可能為本金）
NN (L) US Creadit

配息資料**
X 股 美元月配

配息期間	每單位配息金額	當月配息率（%）	當月報酬率（含息）（%）	年化配息率（%）
2020/08	0.360000	0.29	-1.37	3.43
2020/09	0.360000	0.29	-0.22	3.46
2020/10	0.360000	0.29	-0.21	3.48
2020/11	0.360000	0.28	3.12	3.39
2020/12	0.360000	0.28	0.41	3.39
2021/01	0.360000	0.29	-1.23	3.44

資料來源：基金月報

7-7 申購債券基金必看 3 大風險

其實債券是十分容易獲利的商品，不用花費太多心力。只要在公司不倒的前提下，乖乖持有債券到期，就可以保證獲利。但還是有幾個必須知道的風險，這一節我們就來好好說明！

在買股票型基金時，我們會回測績效跟報酬率；但買債券基金，重要的是評估「風險」。投資債券的主要風險有 3 個：利率風險、信用評等風險與匯率風險。

1. 利率風險——美國公債最安全

一般而言，債券價格與市場利率就像翹翹板的兩端，當一端上升時，另一端就會下降，兩者之間呈現反向走勢。而利率變動對長期債券的影響，大於短期債券。

大家都還記得 2021 年年初，因為美國 10 年期公債殖利率飆升，而掀起新一波全球股災，為什麼這樣一個指標會造成全球金融動盪呢？

我們之前提過了，債券的特性適合投資，是因為它相較於股市風險極低，是保守穩健的商品。它的風險就是違約，但這只會發生在公司債跟投資級債。美國公債（註）可以說是世上最安全、最沒風險的商品，在投資學中有一個常被用來計算預期報酬率的 CAPM 模型，美國公債殖利率就會被拿來當無風險利率參數。

因此當 2021 年年初債券殖利率不斷攀升時，象徵這種「無風險商品」的投資收益也越來越好。當這種不會倒閉、沒風險的投資商品，其利率都有 2%，大家自然就不會選擇風險較高的股票去投資，部分投資人就會把資金從股市轉移到債市，也因此造成股市大跌！

這個例子是一個指標，是想告訴大家「利率」是影響債券價格波動最重要的因素，更是總體經濟的觀察指標。

2. 信用風險——容易發生在垃圾債券

第二個是信用風險，主要容易發生在高收益債券（俗稱垃圾債券），這種債券本身信用評級就比較差、容易違約。違約指的是債券的利息付不出來，甚至本金付不出來。

但因為其票面利率比一般債券還高，才稱為所謂的高收益債券（其實也就是銀行包裝出來的名詞）。這就叫富貴險中求，如

註：美國公債，指美國政府發行了公債向美國人民及全世界的國家借錢，且在一定的時間還錢及利息。美國公債從發行至今（1776~2021年）已超過200年的歷史，除非美國這個國家倒閉，否則美國公債是相當安全的投資標的。

果今天買的是投資級債或是政府公債，基本上不用擔心這問題。

3. 匯率風險——小心利率高的南非貨幣

第三個是匯率風險。這個就要提到開始買基金之後，你會發現除了基金原本的名字，後面會註明有不同幣別計價，例如：美元計價、南非幣計價、澳幣計價等。

而如果國外債券以當地貨幣計價，也就是非美元計價，就會受到當地貨幣的升值或貶值影響債券價格。當地貨幣升值，債券價格上揚；當地貨幣貶值，債券價格就會下跌，如果當地貨幣債券比例越高，匯率風險則越大。

「老伯買南非幣高配息基金，攤開對帳單，200 萬慘剩 70 萬 ......」
「數萬人慘住『套房』，我的南非幣要怎麼辦？ 」

攤開報章雜誌，這樣的標題應該不陌生吧！光舉南非幣這個例子給大家聽就知道，利差很可能一下就被匯差給吃掉了。

根據統計，台灣人持有南非幣計價的金融數量，居然僅次於美元排名第 2，比歐元還多。南非幣如此吸引台灣人，就在於南非幣的利率高，一般都以 18% 的高息為訴求。雖然利率高成誘因，但匯損卻常常被忽略。

高報酬背後肯定有高風險，從圖表 7-17 可以得知，南非幣兌台幣這 10 年貶了超過 50%。請記住一個概念，任何一種貨幣之所以必須用高利率來吸引投資人，代表這個國家因為情況不

圖表 7-17　南非幣的貶值狀況

圖片來源：鉅亨網

好、難借到錢，只能用高利率來搶錢。

當你被高利率誘騙之後，就必須承受背後可能潛藏的匯率風險，所以我再三叮嚀，任何人跟你提到南非幣相關的定存或基金等金融商品，千萬不要碰！！因為「買南非幣等於一買就是套牢」。

最後回到章節主題，買配息基金的原則，就像我之前強調的一樣，只要秉持著長期投資，終究可攤低風險。此外，你還可以透過學會看報酬率來判斷。

舉例來說，投資 2 年下來，拿到的總配息有 20%，但實際上含息的 2 年總報酬率卻只有 7%，這就代表基金配息配到不少本金。但經由不斷的領息，慢慢的會發現，你領的息已經超越本金的 5 成甚至 8 成，每月創造的現金流，就是你真正得到的價值。

第8章

投資新手想知道的問題都在這

不小心買在高點好惶恐！我該趕快贖回嗎？

先莫急莫慌！即使剛好買在高點，平均成本效果差，也不用太擔心！首先，認清這檔基金是不是出了什麼問題，也許你一開始是因為過往成績很好而選擇它，偏偏經理人在你投資期間剛好眼光失準，但長期績效跟標的都是沒有問題的。針對這種情況，我會建議資金不足的人快刀斬亂痲，直接暫停扣款，然後「轉申購」 到同類型 3 個月、6 個月排行前幾名的基金！

若你還有銀彈，那就低點持續加碼，達成微笑曲線，也就是做到「逢低加碼、逢高減碼」。只要把握這個原則，克服人性的恐懼，不只能夠減少損失，還能獲利加倍。一般人遇到跌勢都會害怕持續下跌，因此遇到低點的時候往往不敢加碼，所以當淨值回升的時候，賺到的也會變少了，這就是人性驅使！

也許你會問：「微笑曲線常有嗎？」當然常有，只是需要耐心跟時間，耐心跟時間是個好東西。你得有耐心地用定期定額攤平，並且相信時間複利的威力。「複利的威力」是投資界常提到的一個基本概念，譬如市場有年化 9%的報酬率，那麼，期初投入 1 萬元，30 年後就會變成 13 萬元！！

記住，無論如何就是千萬不要贖回，贖回等於你直接砍在低點啊！

Q2 媒體上大力推薦的基金，真的可以買嗎？

這題很重要！基金投資準則一，我個人不買新基金，因為沒有過去績效可看，且有閉鎖期。

我的原則是「睡得著的投資術」，一定要買讓自己「吃得下、睡得好」的標的。所以選擇基金還是要看過往績效為主，至少是 3 年、5 年同組的排行。新手建議買全球型基金、區域基金，甚至從產業下手，也是很好的標的，通常科技類股都會有好的報酬。

至於報章雜誌上特別介紹的基金，一樣秉持我們的檢視原則，透過晨星看它的過去成績，至少要 4 星，然後比較短中長期績效，都得在前段班。如果你發現明明績效平平，甚至只有 3 顆星，那你就知道囉……。也許是媒體在幫他抬轎，但背後的損失都會是投資人自己得承擔。

雖然過去績效並不代表未來，但過去績效可以用來確認是不是一檔可以投資的基金，甚至可以看出這檔基金，能否歷經風霜還屹立不搖。

此外，可以再透過同類基金和指數比較圖看績效。從比較圖中，就可以看出哪些基金是可以長期打敗大盤、打敗同類型基金的強棒基金。

Q3 我好想要有現金流！請告訴我債券基金的進場時機

只要買的債券基金是事前精挑過的，任何時間進場都可以。可以選擇的話，當然建議淨值低時買入，單位數變多、配息也就更好，正好符合退休後有固定現金流的需求。

提供一個投資的核心概念給新手，債券基金是拿來保護股票資產的，主要的獲利來源還是交給股票型基金。所以離退休還很久的人，建議先買股票基金衝大資本利得，也就是壯大本金。當這些本金用來投資債券基金，多到足以產生你滿意的現金流，在進行退休規劃時，再逐步轉移資產配置。

Q4 我是新手很怕虧錢，可以建議停損標準嗎？

雖然我們買基金的準則是停利不停扣，但本來就沒有天天在過年的，審視自己的投資績效時，若發現處於虧損、負報酬難免心慌，因為每分錢都是辛苦錢。

但前提是要先看大環境，如果全球景氣蓬勃暢旺，在多頭的牛市，你的基金卻還是負報酬，那就是有問題需要急需解決；反之，在全球金融市場一片哀嚎的熊市，全球股市大跌，你的基金負報酬很正常，我們要做的反倒是檢視自己的資金，準備加碼。

若很不幸的是第一種情況，人人都漲你獨跌，要教你兩種投資方式。

首先，對於單筆投資者，「單筆」買進的時候成本已經固定，也就是已經先天不良了，若是投資新手，建議用 –10% 作為決策停損點。若已經有投資經驗，並且確認是好標的，同時不急著用這筆錢，我則建議不用著急，可以等待景氣循環回溫，也就是熊市只是一時的，相信牛長熊短的道理，面對波動就較能瞭然於心。

至於定期定額投資人，一句話：「不停損」！是的，就是無需停損，當遇到淨值持續下跌，應該要開心，因為正是可以用更便宜的價格，買到更多單位數的好時機，也再度拉平你持有的平均價格。

所以定期定額就算看到虧損，不停扣也不設停損點，應該持續投資，甚至執行看到報酬出現 –6% 就加碼扣 1 倍、看到 –12% 就加碼扣 2 倍的加倍投資法。

目前在後疫情時代，全球經濟正在復甦，所以在多頭年要看到 –15%比較不易，加倍扣除了以增加「金額」的方式，也能用增加「扣款日」的方式。比方本來只在每個月 6 號扣款，可以在出現極低負報酬時的隔天，設定多扣 3 千元，甚至一口氣扣 6 千元都沒問題。銀彈越多的人，越可以享受買在低點的甜蜜果實！

所以才會說，儘管買同一個投資商品，但不一定都會賺到錢，因為買入的時間點、操作的方式都不一樣！

Q5 我什麼時候可以開始定期定額？

隨時都可以開始定期定額！！！當投資是為了長期規劃做準備，就不用太在意進場的價位高低，我們把定期定額想像成是跑馬拉松，起點會有很多人，甚至有人遲到、有人偷跑。但一場馬拉松比賽，關鍵從來不在起點，而在於這場你可以堅持多久，決定你在終點可以獲得多少財富。

許多人決定要開始定期定額投資時，常常在門口徘徊，猶豫什麼時候才是最佳的進場時機。當你還在煩惱是不是高點，或是想要摸低點的時候，已經默默錯過很多賺錢機會了！

以長期來說，全球經濟走勢持續向上爬升，所以投資定期定額無需選擇進場時機，只要抱持兩大原則：持續扣款、耐心耕耘，就有機會獲得豐碩果實。

一句話給所有參與定期定額的投資人——定期定額帶你穿越牛熊。無論熊市或牛市，都適合做定時定額。

在股市大好的牛市，因為報酬率高，大家會更喜歡大額單筆投資，想把握賺快錢的機會。但我還是堅持定期定額，讓自己無時無刻都降低風險。而在下跌的熊市時波動大，更適合定期定額，來攤低購買成本、降低波動風險。

其實最重要的是，能明白自己的紀律跟投資策略，就會讓你無懼、穩穩地獲利。

用台幣還是外幣買基金比較划算？

我們要先搞懂「基金計價幣別」這件事。基金計價幣別是指基金淨值、申購及贖回所使用的幣別，3 種都是一樣的。

國內基金的計價幣別是以台幣為主，大多數境外基金的計價幣別通常是美元。但因為你是在台灣開的基金戶，所以選項也一定會有台幣。

首先，我建議還是以台幣贖回，畢竟生活主要在台灣，若選擇外幣需要有外幣帳戶。二來，匯率變幻莫測，最重要的還是在於操作績效，加上著眼於長期投資。所以建議理財新手，針對想要買的基金若計價幣別有台幣，別猶豫直接用台幣買就對了！

我想買基金，但又覺得 ETF 好像也不錯？

我推崇基金投資的原因之一，是因為可以用很小的資本就參與全世界。光舉很多人持有的美股基金來說，具有成長股 + 美股 + 高比重科技股的特性，只要持續投資都很有很高的報酬率，一年直接翻倍都沒問題，見圖表 8-1。

台灣的 ETF 雖然也可以買到美國科技股的標的，透過券商設定也能用定期定額的方式買進，但在台灣 ETF 有量少的問題，也就是買進後不好賣出。

圖表 8-1 國人持有佔比高的基金

圖片來源：鉅亨網

再者，有人會問：「那我不能直接買美股嗎？」在台灣投資美股有兩種方式：一是直接開立海外券商帳戶，另一種則是透過國內券商的複委託帳戶來進行交易。

前者需要透過網路等管道自行開戶，適合交易頻繁的投資者，好處是零手續費。但每次把錢匯到海外戶頭，則需要電匯費用，因此一次準備大筆資金較划算。

後者只要在台灣開戶就可以直接買美股，但通常會設定低消，大約是 15 ～ 20 美元，算一算就是 450 元到 600 台幣不等。單次下單達 1 萬美元（約台幣 30 萬元）才是最划算的方式，顯然不適合小資族。

看到這邊是不是已經有點頭昏腦脹，所以直接用基金參與全世界，是相對便利又省時的方法！

若真要買 ETF，我只建議買跟大盤連動的指數型 ETF，像是台灣的 0050、美國的 SPY、QQQ、VT、VTI 等，稱為「指數化投資」，1 年可以有大約 6 ～ 8% 的穩定報酬。這種 ETF 少了人為干擾因素，屬於保守型投資，也是透過定期定額的方式，當作資產配置的一環。

Q8 我也該買債券基金嗎？

開始投資之後，我們需要學習「風險分散」的概念，也就是透過正確的資產配置，讓資金成長更平穩。

這並不是要讓我們賺更多的意思，而是去思考碰到股災的時候，如何少賠一點！選擇債券基金的時候，記得還是要選擇高評等的「投資級債券」，美國公債為其代表，它在空頭時和股市有互補效果，雖然無法創造收益，但有減少風險的功能。

而高收益債券，因為它的特質像股票，風險也高於一般投資級債券，比較沒有資產配置的效果。不過如果你本來的配置組合中沒有高收益債券，若趁著市場難得的低點單筆買進，可以把風險大幅降低，享受報酬。切記，想判斷出低點一定要把走勢圖拉長，做足功課。

有時候全球股災，反倒是千載難逢的加碼時機，受到 covid-19 衝擊的 2020 年初，使全球金融市場掀起巨大震盪。2020 年 3 月幾乎是 2008 年 10 月的翻版，股市崩跌，更慘的是連債市與黃金也不太可靠。

當時 1 個月的時間內，共同基金更是淒淒慘慘。在 1 千 7 百多檔境內外核備基金中，只有約二十檔有正報酬，這些基金大都為美元短中期公債、日圓債券、以美國為主的全球債券基金等。

此外，其他的債券基金全下跌。中國債券為主的亞洲債券基金，其跌幅較輕，1 個月來下跌不到 1 成。而投資級債券基金，跌幅從接近 1 成到超過 1 成不等；高收益債及新興市場債基金的跌幅，普遍都超過 1 成；平衡型基金混有股債，跌幅大都超過 2 成。

股票基金更是全軍覆沒。台股基金單月跌幅從 10% ～ 28% 不等；中國大陸基金勉強見到個位數跌幅，其他都是兩位數起跳；巴西與俄羅斯基金跌 40% 最刺激；歐股基金不遑多讓；美股基金跌幅也有 20% 以上。

產業基金中，能源基金 1 個月來淨值腰斬就不用說了，即使號稱避險的黃金基金，單週隨便就跌 1 成，1 個月來跌幅也超過 1 成。「防疫」的生技醫療基金，單月跌幅普遍高於 15%，之前領漲的科技基金變成領跌，平均跌幅超過兩成。（資料來源：經濟日報 2020/03/23）

那是我投資基金以來，首次所有的基金報酬率都是負報酬，甚至都高達 –20％～ –30%，科技類股更出現 –40% 的報酬。在那個時候，投資人一向不太青睞、波動不大的「美債基金」（持股公債比例高，但無配息）卻罕見飆漲，例如「富達美元債券基金」，看的出來投資人避險情緒高漲。面對市場如此恐慌，第一次看到負報酬的我，是如何應對的呢？

我抱持巴菲特的名言：「別人恐懼我貪婪」，同時也增加債券資產配置。原先我只有定期定額扣平衡型和股票型，2020 年 2

圖表 8-2　主要債券利差水位偏便宜

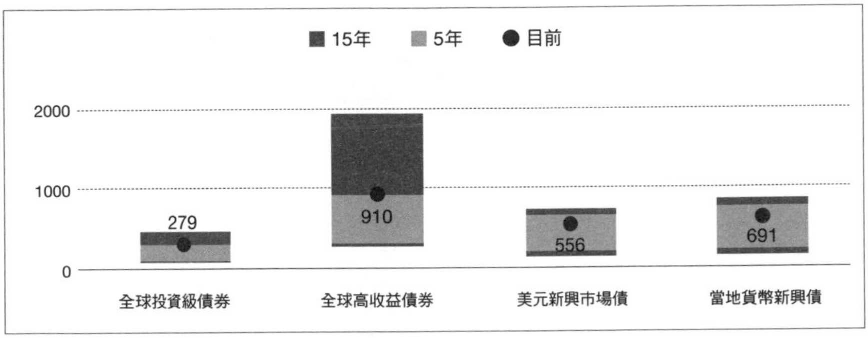

■ 15年　■ 5年　● 目前
2000
1000
0
279
910
556
691
全球投資級債券
全球高收益債券
美元新興市場債
當地貨幣新興債

資料來源：彭博，鉅亨網整理，2020/3/31

月開始，我單筆加碼淨值新低的全球高收益債券和美國高收益債券，利差都幾乎近千點，已是金融海嘯等級，長線來看價格相當甜。

投資債券時常會看到這兩個詞：殖利率和利差。「殖利率」我喜歡記成「報酬率」，而「利差」這個詞我喜歡記成「利潤」。利差越大、利潤越高、價格越低；反之，利差越小、利潤越低、價格越高。所以想要投資獲利，應該買在利差大的時候（價格低），賣在利差小的時候（價格高）。

利差到底是什麼？舉個例子來說，聽到美國高收益債的利差是 4.6，代表你現在去買美國高收益債，利潤會比買美國公債多 4.6%；又假如今天歐洲，高收益債的利差是 3.6，代表如果去買歐洲高收益債，利潤會比去買美國公債多 3.6%。從此可以理解，利差就是其他債券與美國公債做比較後的差異。

美國高收益債利差擴大，代表市場風險意識升高，相對不看

圖表 8-3 在債券相對便宜時，投資債券的歷史平均報酬

	報酬率			勝率
	6個月	1年	3年	1年
全球投資級債券	13.1%	22.2%	37.6%	100%
全球高收益債券	23.0%	43.1%	73.1%	100%
新興市場主權債	8.6%	17.2%	48.2%	91%
新興當地貨幣債	22.4%	39.2%	68.2%	100%
歐洲高收益債券	7.6%	20.1%	64,.2%	76%

資料來源：彭博，鉅亨網整理，1999/12/31～2020/3/31

好美元高收益債券，導致債券殖利率走高。但根據歷史數據顯示，一旦在美國高收益債利差超過 600 個基準點的時間點進場，未來 6 個月及未來 1 年的績效都為正。其中未來 6 個月平均報酬達 9.0%，未來 1 年更高達 16.1%。

所以我瞄準的是，在相對低的淨值逢低單筆進場佈局，待利差收斂後有機會獲得超額報酬，可以同時賺到資本利得跟配息。當時雖然沒有買到 2.95 的歷史新低，但我的平均申購價格是 3.1，也是很漂亮的數字。

主播小提醒

利差大也代表債券價格相對便宜！利差越大、利潤越高、價格越低；反之，利差越小、利潤越低、價格越高。所以想要投資獲利，應該買在利差大的時候（價格低），賣在利差小的時候（價格高）。

Q9 我聽說買債券基金只能領息？

這是很多人的問題，但其實不然，我們可以賺取資本利得跟領息一舉兩得，關鍵就是絕對要在相對低點勇敢進場。

舉一個最簡單的例子，如果有勇氣在 2020 年 3 月時進場，買進並長期持有，報酬率肯定都在兩位數以上。高收益債券雖然普遍波動大，但我認為若能符合歷經洗禮且買在低點這兩個原則，也是能持有的好基金。

圖表 8-4 低點買進債券基金報酬亮眼

029070聯博-全球高收益債券基金AT股美元

本基金主要係投資於非投資等級之高風險債券且配息來源可能為本金

淨值日期 參考淨值	平均申購淨值 參考匯率	庫存單位數 可贖回單位數	交易幣別 計價幣別	投資本金 台幣本金	參考市值 累計配息金額	交易報酬率含息% 交易報酬率不含息%
2021-05-27 USD 3.7900	3.1100 27.7275	561.390 561.390	台幣TWD 美金USD	$53,000 $53,000	$58,995 $4,853	20.47% 11.31%

資料來源：基富通

如果你就剛好是配息控，想享受每個月現金入帳的感覺，但沒有一大筆資金適合單筆買進，偏偏就是想用定時定額的方法可以嗎？也不是不行，就像我常講的——投資方式沒有最好的，只有最適合自己的。

如果本金不多，但打算定時定額買進配息基金，其實做法跟一般股票型基金一樣，同樣採停利不停損，績效要看 3 年、10

年績效都相對好的。也因為是定期定額，波動可以選大一點的，但投資本金不多，能夠領息到的金額自然也不高。

因此定期定額建議以累積型為主，把息滾入淨值，讓複利效果最大化，可以幫你快速累積自己的單位數。所以你會發現，同一檔基金的累積型淨值，都會比配息型高，就是這個原因。

但如果想要開始領息人生，還是要記得累積到一定金額後（至少5萬元），再轉為配息型。但這個時候，問題來了，什麼時機點適合把累積型轉變為月配型呢？

有個重點請注意，買點不是首要考量因素，因為我們是要持續5年、10以上的長期投資，**目的是每個月的現金流，所以不需在乎淨值波動。挑選標的的要訣則是：配息滿意、波動接受。**為了更分散風險，要盡量挑基金規模大一點、投資債券越分散越好，CCC等級越少越好。

在基金界有個俗語：「配息誠可貴，淨值價更高，但為自由故，累積最簡單。」這句話就表達了配息基金的真諦，試算後大家會看得更清楚（請見右頁理財小教室）。

雖然差異不多，但累積型多了一些，1個月差一點點，1整年下來就可以差很多。另外，我們一開始就說了選基金，無論如何要選淨值一路向上的，但如果真的運氣不好，買進之後淨值頻掉，息收會不會越來越少？這時候就要分享一句話：「波動接受，配息滿意」，既然是以配息為目的，那就不需要在乎淨值的高低。

因為在投資過程中，淨值不會一成不變，一定會有高有低，但無論淨值怎麼變，投資人可以一直領利息。另外，儘管淨值減

理財小教室

同樣投入一百萬，配息型跟累積型差異在哪？

【累積型基金】

1 月 1 日投入 100 萬元，1 個月後也就是 2 月 1 日，報酬率成長 2% 下，淨值 =100 萬 ×1.02=102 萬。累積型因為不配息，因此以 102 萬元繼續做複利。假定 1 個月後的 3 月 1 日再成長 2%，此時淨值 =102 萬元 ×1.02=104.04 萬元

【配息型基金】

如果是投入配息基金，一樣在 1 月 1 日投入 100 萬元，年化配息 12% 下，單月配息為 12% ／ 12=1%。到了 2 月 1 日，報酬率成長 2% 下，淨值 =100 萬元 ×1.02=102 萬元。這時配了 1% 的現金給你，等於 102 萬元 ×1%=1.02 萬元，我們手上有了配息的現金 1.02 萬元，而基金淨值變成 102 萬元－ 1.02 萬元 =100.9 萬元。

再隔 1 個月至 3 月 1 日時再成長 2%，此時淨值 =100.98 萬元 ×1.02=102.9996 萬元。但別忘了配息已經變成現金，入到你的帳戶。

以下我們來比較一下：

累積基金的淨值 = 104.04 萬元

配息基金的總值 =102.9996 萬元＋手頭現金 1.02 萬元

=104.0196 萬元

少也不會影響配息，因為配息來源主要來自債券的票面利率，而票面利率從發行起即固定不變，所以兩者並沒有直接關聯。

但如果你心裡還是很不安，這裡提供一個判斷標準：

- **繼續持有←「目前的淨值＋累積配息」大於「投資本金」**
- **考慮賣出←「目前的淨值＋累積配息」小於「投資本金」**

Q10 配息來自本金該擔心嗎？

用一個最簡單的邏輯來講，第一，如果股票除息也是來自本金，你會擔心嗎？第二，如果全部都真的來自本金，那為什麼你的配息基金不會歸零呢？所以就算部分來自本金也無需擔心！

我們之前已經提過，本金跟你想的不一樣，大多數投資人認知的本金，是申購該檔基金時的下單金額（如新台幣 100 萬），因此當申購一檔年化配息率 10%、配息來自本金比例為 50% 的基金時，會以為領到的 10 萬利息中，有 5 萬都是來自於當初申購下單時的100萬。但實際上，基金公司對本金的定義是不同的，如圖表 8-5 所示。

由第 7 章中，我們已經了解「配息率並不等同於報酬率」。那麼既然配息率代表的是，將基金資產發回給投資人的比例，那基金總得要先賺到錢，讓資產規模因獲利而成長後，再將利潤發還給投資人才有意義吧？否則不就只是單純把錢退還而已嗎？

圖表 8-5　基金配息來源

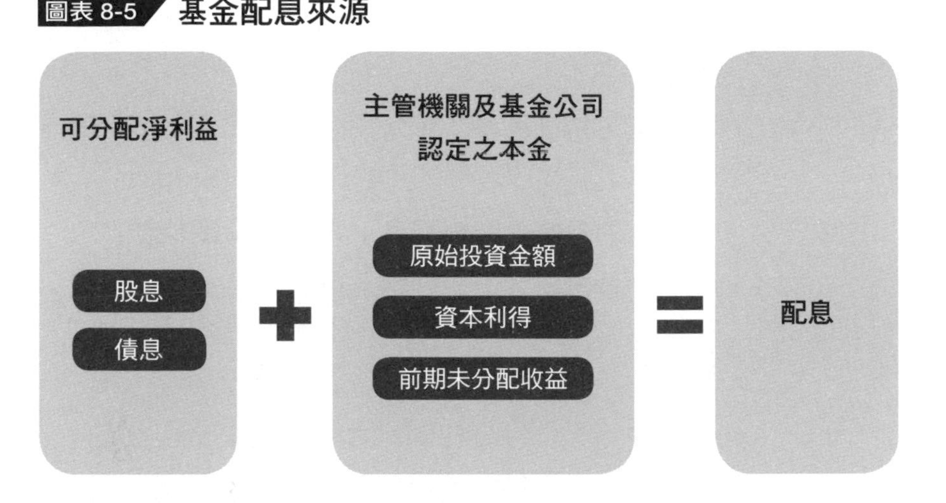

所以我們得先了解，基金能從哪些管道賺到錢，才能理解基金經理人是如何擠出這些配息給我們的。**基金的報酬來源主要有 3 個面向：資本利得、利息收益與匯兌收益。**

● 資本利得

基金經理人將投資標的買低賣高，所獲得的價差利潤。

● 利息收益

來自於債券所發放的利息、股票現金股利或股票股利，以及為了因應投資人贖回需求，保存一部分資產在流動性高的銀行存款或短期票券中，所產生的利息。

● 匯兌收益

來自基金「本身的計價幣別」與其「投資標的物採用的幣別」之間的匯差，兩種幣別間的匯率發生變化時，可能產生匯兌收益或損失。

因此，總合以上的結論後，我可以告訴各位：配息來自本金是無需擔心的。

後記

適合自己，比找對飆股更重要

主播梳化室的小秘密：投資心態準備好了嗎？

主播每天能亮麗登台，靠的就是巧手的妝髮造型師。造型師是個勞力活，手腕會因為長期使用離子夾等造型用品，有負重危機，腰也會因為長期站立而抗議，著實辛苦。

我除了在辦公室的固定梳化，在外面工作時也會遇到其他的化妝師。因為身為財經主播，每當我坐下梳化，最常被問的一句話就是：「璇依啊，某某檔股票怎麼一直跌啊，我要賣掉嗎？」或是「高檔了還能買嗎？」

這時我會先反問對方 ：「欸，你知道你買這是什麼嗎？」、「你知道這公司在做什麼嗎？」、「那你覺得你買的價位是便宜還是貴呢？」答案通常都是一問三不知，例如：「不知道耶！聽人家說好我就買了……」。

類似這樣的對話，是不是也很常出現在你的心中呢？人云亦云、隨波逐流，把自己的辛苦錢莫名投入金融市場，結果通常是慘賠，想究責也找不到出口，因為做決定的是你自己。

「請對自己的投資負責。」這是我認為投資第一步最重要的事情。先調整好你的心態，畢竟大家能夠拿來投資的錢，絕大部分都是本業賺的血汗辛苦錢，為了改善生活、賺取資本利得，所以選擇投資。但好不容易累積到一定規模可以投入金融市場的本金，卻要被市場眾多消息或某人的一句話，就不明不白的全部 All In 嗎？

看到這裡，大家都會搖頭吧，認為當然不要，為什麼要讓自己辛苦賺的錢承受莫名的風險呢？儘管心裡知道這是不該做的事情，卻很難戰勝人性的慾望——貪，也就是當你聽到某某檔股票一定上看多少錢，或某檔基金報酬率上看多少，很容易就被動搖。

回到剛剛跟化妝師之間的對話故事，我不會斥責他們、也不會正面回應要如何處置手中的金融資產，我只會問：「你們有沒有覺得自己賺錢好辛苦？」通常他們會點頭如搗蒜，那為什麼要把那麼辛苦才累積的財富，放進不確定能不能賺錢的投資標的，讓自己晚上睡不著覺，這不是個勞心又勞力的投資嗎？

獲取正確知識的能力，是我認為所有投資者都該具備的心態，這表示你要對自己有興趣的商品去了解且負責。如果你不願意花時間了解，就不要怪他人害你賠錢，因為是你自己扼殺了避免賠錢的機會。

所以請強化自己的本業，並學習正確的投資理財知識。在資訊爆炸的網路時代，要篩選有用的資訊，因為一旦走偏了路，得付出更多的代價走回正軌。

理財就是理生活

我給理財新鮮人的建議是「富人公式」，光公式名稱聽起來就很激勵人心吧！白話來說，就是薪水一拿到就要立刻存下來，剩下的錢才能夠拿去花費，公式的展現如下。

收入－（儲蓄＋投資）= 支出

這當中的投資，就包含本書一再強調的重點——定期定額投資基金。前文已經提過，最好的扣款日就是薪水入帳隔天，通常是設定 6 號扣款。舉例來說：如果你月扣兩檔 3 千元的基金，那在薪水入帳之後的隔天，就會把 6 千元強迫轉進基金帳戶，當然也可以設定薪水的 1/3 用來投資。

當然這就要靠個人意志力，所以我還是最推薦定期定額買基金。同樣地，你也可以透過券商在約定日去圈存扣款，買績優股或者是指數型 ETF，這些都是個人選擇。唯一不變的是用你自己的錢去滾錢，而不是變成支出花掉，當你開始這樣做，也就是開始邁向「富人」之路。

不管用什麼方法，每個月薪水一入帳，先將錢存下來，剩下的錢才能拿來消費，存起來的錢就是以後你能投資的本金。當你開始支配自己的所得，從收入與儲蓄中，就可以算出每月可支配資金。也就是當你開始理財之後，會審視你的消費習慣，同時檢視自己的生活交際，進一步把時間花在有價值的人事物上。

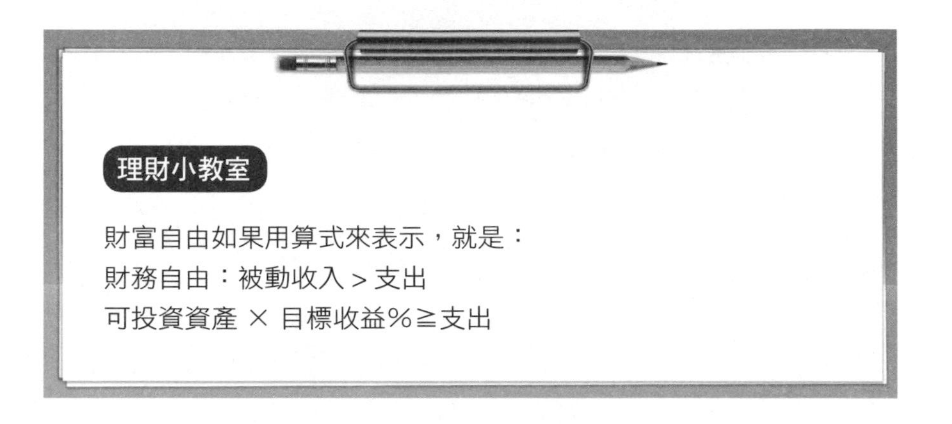

時間複利是最大優勢

科學家愛因斯坦說過：「複利是世界的第 8 大奇蹟。」在寫這篇後記的當下，有個新聞映入眼簾：中國一名 67 歲的大媽日前想起，曾在 2008 年花台幣 22 萬元買了股票，但 13 年來都沒有進行過任何買賣，於是特地到證券公司處理。沒想到當初隨手買的這支股票漲了整整 100 倍，讓她賣出的價格是台幣 2 千 2 百萬元。

專家表示，這位「大媽股神」成功的秘訣是：一、選了一檔好股票，淨利成長超過百倍；二、持有時間夠長。

這個故事告訴我們，**當你選擇一個長期趨勢向上，且買進並持有的商品，時間會幫你賺錢**。再舉以下的例子：假設我們投資報酬率 5% 的商品，20 歲開始投資，連續 10 年每次投入 10 萬，共投 1 百萬就停止投資，放到 50 歲，會有 350 萬元。

但如果 30 歲才開始投資，同樣每年投入 10 萬元，需要花 20 年的時間，投入到 50 歲，也就是共投入 2 百萬元，才會有 357 萬元。同樣是 350 萬左右，晚 10 年的起步，就要多投入 1 百萬才有相同成果。無論本金跟時間，都要多花上一倍，所以我一再強調，投資越早開始愈好！

不只要透過時間複利讓錢幫你滾錢，同時也要盡早開始累積自己的財經知識，久了之後，不只你的財富比一般人多，也比一般人更為聰明，在投資理財上也更有實力。

就目前市場上來看，我認為基金是最適合一般人的理財工具，只要有少少的資金就可以投入，雖然說任何投資產品沒分好壞，只有適不適合、了不了解，還有進場時機的問題。但前提是，你必須對想投資的商品有一定的認識再行動，才是正確的投資態度。

NOTE

NOTE

國家圖書館出版品預行編目（CIP）資料

我靠科技基金4年資產翻3倍：實戰標的&獲利對帳單完整公開／詹璇依著.
-- 第二版. -- 新北市：大樂文化有限公司, 2024.04
192 面；17×23 公分. --（優渥叢書Money；072）
ISBN　978-626-7422-23-6（平裝）

1. 基金　2. 投資技術　3. 投資分析
563.53　　113004335

Money 072

我靠科技基金4年資產翻3倍（熱銷再版）

實戰標的&獲利對帳單完整公開

（原書名：我靠科技基金 4 年資產翻 3 倍）

作　　者／詹璇依
封面設計／蕭壽佳、蔡育涵
內頁排版／楊思思
責任編輯／林育如
主　　編／皮海屏
發行專員／張紘蓁
發行主任／鄭羽希
財務經理／陳碧蘭
發行經理／高世權
總編輯、總經理／蔡連壽
出 版 者／大樂文化有限公司（優渥誌）
地址：220 新北市板橋區文化路一段 268 號 18 樓之一
電話：（02）2258-3656
傳真：（02）2258-3660
詢問購書相關資訊請洽：2258-3656
郵政劃撥帳號／50211045　戶名／大樂文化有限公司

香港發行／豐達出版發行有限公司
地址：香港柴灣永泰道 70 號柴灣工業城 2 期 1805 室
電話：852-2172 6513　傳真：852-2172 4355

法律顧問／第一國際法律事務所余淑杏律師
印　　刷／韋懋實業有限公司

出版日期／2021 年 11 月 29 日 第一版
2024 年 05 月 03 日 第二版
定　　價／280 元（缺頁或損毀的書，請寄回更換）
I S B N　978-626-7422-23-6

優渥叢書

優渥叢書